FORMADORES DA CRIANÇA E DO JOVEM
Interfaces da comunidade escolar

Dados Internacionais de Catalogação na Publicação (CIP)
(Câmara Brasileira do Livro, SP, Brasil)

Formadores da criança e do jovem : interfaces da comunidade escolar / [Denise D'Aurea-Tardeli e Fraulein Vidigal de Paula]. -- São Paulo : Cengage Learning, 2014. -- (Coleção escola e contemporaneidade : temas emergentes à psicologia da educação)

Vários autores.
Bibliografia.
ISBN 978-85-221-1500-6

1. Comunidade e escola 2. Criança - Desenvolvimento 3. Crianças - Dificuldade de aprendizagem - Relações familiares 4. Educação de crianças 5. Educação de jovens 6. Prática de ensino 7. Professores - Formação 8. Psicologia educacional 9. Recreação I. D'Aurea-Tardeli, Denise. II. Paula, Fraulein Vidigal de. III. Série.

14-00481 CDD-370.15

Índices para catálogo sistemático:

1. Formadores da criança e do jovem : Comunidade escolar : Psicologia da educação   370.15

Coleção
ESCOLA E CONTEMPORANEIDADE
Temas emergentes à Psicologia da Educação

FORMADORES DA CRIANÇA E DO JOVEM
Interfaces da comunidade escolar

Denise D'Aurea-Tardeli e Fraulein Vidigal de Paula (orgs.)

Alessandro Soares da Silva
Luciana Maria Caetano
Marilene Proença Rebello de Souza
Marisa Cosenza Rodrigues
Nathalie Nehmy Ribeiro
Ricardo Casco
Soraia Ansara

CENGAGE Learning

Austrália • Brasil • Japão • Coreia • México • Cingapura • Espanha • Reino Unido • Estados Unidos

CENGAGE Learning

Formadores da criança e do jovem: interfaces da comunidade escolar
Denise D'Aurea-Tardeli e Fraulein Vidigal de Paula (orgs.)

Gerente editorial: Noelma Brocanelli

Editora de desenvolvimento: Marileide Gomes

Supervisora de produção gráfica: Fabiana Alencar Albuquerque

Copidesque: Márcia Elisa Rodrigues

Revisão: Maria Alice da Costa e Sheila Fabre

Diagramação: ERJ Composição Editorial

Editora de direitos de aquisição e iconografia: Vivian Rosa

Analista de conteúdo e pesquisa iconográfica: Javier Muniain

Capa: Edison Rizzato sobre a arte de Souto Crescimento de Marca

© 2015 Cengage Learning Edições Ltda.

Todos os direitos reservados. Nenhuma parte deste livro poderá ser reproduzida, sejam quais forem os meios empregados, sem a permissão, por escrito, da Editora. Aos infratores aplicam-se as sanções previstas nos artigos 102, 104, 106, 107 da Lei nº 9.610, de 19 de fevereiro de 1998.

Esta editora empenhou-se em contatar os responsáveis pelos direitos autorais de todas as imagens e de outros materiais utilizados neste livro. Se porventura for constatada a omissão involuntária na identificação de algum deles, dispomo-nos a efetuar, futuramente, os possíveis acertos.

Para informações sobre nossos produtos, entre em contato pelo telefone **0800 11 19 39**

Para permissão de uso de material desta obra, envie seu pedido para **direitosautorais@cengage.com**

© 2015 Cengage Learning. Todos os direitos reservados.

ISBN 13: 978-85-221-1500-6
ISBN 10: 85-221-1500-1

Cengage Learning
Condomínio E-Business Park
Rua Werner Siemens, 111 – Prédio 11 – Torre A – Conjunto 12
Lapa de Baixo – CEP 05069-900
São Paulo –SP
Tel.: (11) 3665-9900 – Fax: 3665-9901
SAC: 0800 11 19 39

Para suas soluções de curso e aprendizado, visite **www.cengage.com.br**

Impresso no Brasil
Printed in Brazil
1 2 3 4 5   15 14 16

Sobre os autores

Alessandro Soares da Silva
Doutor em Psicologia Social pela PUC-SP. Professor do Curso de Gestão em Políticas Públicas e Coordenador do Programa de Pós-Graduação em Mudança Social e Participação Política da Escola de Artes, Ciências e Humanidades da Universidade de São Paulo (EACH/SP). Atua na área de Psicologia Política, Políticas Públicas e Multiculturalismo. Coeditor da revista *Psicologia Política* mantida pela Associação Brasileira de Psicologia Política (2008-2015) e pesquisador do Grupo de Políticas Públicas, Territorialidades e Sociedade do Instituto de Estudos Avançados da USP-SP. Experiência na área de Psicologia, com ênfase em Relações Interpessoais, atuando principalmente nos seguintes temas: Psicologia Política, Psicologia Social, consciência política, Psicologia dos Movimentos Sociais, Políticas Públicas e minorias e multiculturalismo.

Denise D´Aurea-Tardeli (Organizadora)
denisetardeli@gmail.com
Doutora em Psicologia Escolar e Desenvolvimento Humano pelo Instituto de Psicologia da Universidade de São Paulo. Docente na Universidade Metodista de São Paulo e Universidade Católica de Santos. Atuação na área de formação de professores de Educação Infantil, Ensino Fundamental e Médio, realizando pesquisa de estágio pós-doutoral sobre o tema, na Fundação Carlos Chagas. Pesquisadora na área da Psicologia e Moralidade com foco na adolescência.

Fraulein Vidigal de Paula (Organizadora)
fraulein@usp.br
Doutora em Psicologia pela *Université Rennes* 2 (França). Mestre e Doutora pelo programa de pós-graduação em Psicologia Escolar e do Desenvolvimento Humano, do Instituto de Psicologia da Universidade de São Paulo – IPUSP, onde também atua como professora e pesquisadora. Membro do Laboratório de Estudos do Desenvolvimento e da Aprendizagem – LEDA. Líder do grupo de pesquisa do CNPq – Processos de cognição e linguagem em estudo. Tem atuado e publicado, principalmente, nas áreas de psicologia escolar, ética em pesquisa, metalinguagem, metacognição, processos de ensino e aprendizagem da leitura, da escrita e de ciências.

Luciana Maria Caetano
Mestre e Doutora em Psicologia Escolar e do Desenvolvimento Humano pelo Instituto de Psicologia da Universidade de São Paulo (USP). Tem como principais temas de pesquisa: psicologia do desenvolvimento humano na perspectiva piagetiana, o estudo do desenvolvimento psicológico moral e suas relações com contextos sociais: família e escola. Atua como pesquisadora e professora do Departamento de Psicologia da Aprendizagem, do Desenvolvimento e da Personalidade do Instituto de Psicologia da Universidade de São Paulo (USP). É membro do LEDA/IPUSP (Laboratório de Estudos do Desenvolvi-

mento e da Aprendizagem) e autora de livros, capítulos e artigos, entre eles, *O conceito de obediência na relação pais e filhos, Dinâmicas para reunião de pais, É possível educar sem palmadas?*

Marilene Proença Rebello de Souza
Presidente (2006-2008) da Associação Brasileira de Psicologia Escolar e Educacional (Abrapee). Membro Conselheiro Presidente do Conselho Regional de Psicologia de São Paulo (2007-2010). Professora assistente doutora da Universidade de São Paulo. Coordenadora e pesquisadora do Programa de Pós-Graduação em Psicologia Escolar e do Desenvolvimento Humano no Instituto de Psicologia da USP. Coordena o Laboratório Interinstitucional de Ensino e Pesquisas em Psicologia Escolar e é líder dos Grupos de Pesquisa do CNPq "Psicologia Escolar e Educacional: processos de escolarização e atividade profissional em uma perspectiva crítica".

Marisa Cosenza Rodrigues
Doutora em Psicologia: Ciência e Profissão pela PUC-Campinas. Docente (graduação, especialização e mestrado) da Universidade Federal de Juiz de Fora (UFJF). Experiência na área de Psicologia, com ênfase em Programas de Prevenção e Promoção de Saúde Psicológica, atuando principalmente nos seguintes temas: desenvolvimento sociocognitivo, intervenção e pesquisa em Psicologia Escolar/Educacional.

Nathalie Nehmy Ribeiro
Psicóloga e Mestre pela Universidade Federal de Juiz de Fora (MG). Experiência nas áreas de Psicologia do Desenvolvimento e Psicologia Escolar/Educacional, atuando principalmente com os seguintes temas: desenvolvimento sociocognitivo, habilidades e prevenção de problemas comportamentais.

Ricardo Casco
Graduado e Licenciado em Educação Física pela Universidade de São Paulo. Mestre em Psicologia Escolar pela USP. Doutor em Educação pelo Programa de Estudos Pós-Graduados em Educação pela PUC-SP. Membro do Laboratório de Estudos sobre o Preconceito (LaEP/IPUSP) e do Núcleo de Estudos para a Prevenção da AIDS (NEPAIDS/IPUSP) as pesquisas e as demais atuações profissionais versam sobre a formação do indivíduo, Eduação Física Escolar, cultura corporal, Psicologia Social, Psicologia Escolar, relação professor-aluno, relações sociais na sala de aula e no recreio, Educação inclusiva.

Soraia Ansara
Doutora em Psicologia Social pela PUC-SP. Docente e pesquisadora do Programa de Pós-Graduação em Mudança Social e Participação Política da Escola de Artes, Ciências e Humanidades da Universidade de São Paulo (EACH/SP) e professora titular do Centro Universitário Estácio Radial de São Paulo. Experiência na área de Psicologia, com ênfase em Psicologia Social e Política, atuando principalmente nos seguintes temas: memória política, movimentos sociais, Psicologia Política, Direitos Humanos, Ditadura Militar e repressão, consciência política, participação política e intervenção psicossocial em comunidades. Experiência na área da Educação, com ênfase em Psicologia da Educação, Fundamentos da Educação e Formação de Professores.

Apresentação da coleção

Escola e contemporaneidade: temas emergentes à Psicologia da Educação

Denise D'Aurea-Tardeli e Fraulein Vidigal de Paula

(Organizadoras)

A contemporaneidade traz novos rumos para toda a comunidade escolar, já que pressupõe a valorização das diferenças, a inserção das mídias interativas, a não linearidade histórica e a fragmentação do conhecimento. Promover uma educação que seja sensível a esses aspectos é imprescindível ao estabelecimento de estratégias que estejam de acordo com os desafios dos novos tempos.

Professores e demais profissionais da educação devem se questionar tanto do ponto de vista ético e pessoal como em relação a sua prática cotidiana no exercício de sua função. É preciso questionar, ainda, o papel da escola e pensar que é possível a construção de um mundo diferente, impulsionado por uma educação transformadora. Conscientes de que os processos educativos estão ligados à complexidade crescente dos processos sociais, econômicos e políticos do mundo em que vivemos, consideramos que a escola continua se organizando segundo um modelo educativo ineficaz que nem sempre fornece respostas aos desafios da contemporaneidade.

Se a escola representa uma parcela imprescindível do cenário social e político e representa um espaço privilegiado para a formação de cidadãos críticos e participativos, capazes de promover transformações, não é o que se percebe no contingente do alunado em geral, que vive uma crescente perda de reconhecimento e ausência de sentido para sua vida e aprendizados. Ao mesmo tempo, veem-se diante de exigências, responsabilidades e cobranças que a sociedade atual lhes impõe.

Cabe à escola e aos educadores promover uma educação que contribua para a formação de cidadãos responsáveis, capazes de reconhecer e lutar por seus direitos e comprometidos com a justiça, e para a sustentabilidade do planeta; que estabeleça o respeito à diversidade como fonte de enriquecimento humano, a defesa do consumo responsável, o respeito aos direitos humanos, a valoração do diálogo como instrumento para a resolução pacífica dos conflitos e o compromisso com a construção de uma sociedade justa, equitativa e solidária.

Todavia, para satisfazer tais necessidades, há que proporcionar aos profissionais da educação esteio para situar, de modo consciente, sua atuação, questões, crenças e encontrar interlocuções que possam contribuir para alimentar suas reflexões e aperfeiçoar sua prática. A possibilidade de uma reflexão consistente, apoiada nas teorias atuais sobre Psicologia e Educação, com certeza, apontará caminhos para os docentes no cotidiano escolar.

Foi justamente com o propósito de cumprir esse papel que organizamos a coleção "Escola e contemporaneidade: temas emergentes à Psicologia da Educação", ao convidarmos um conjunto de autores que vêm construindo saberes e práticas na interface entre a Psicologia e a Educação. A coleção é composta de quatro volumes independentes, que abordam as seguintes temáticas:

O cotidiano da escola: as novas demandas educacionais

Formadores da criança e do jovem: interfaces da comunidade escolar

Recursos para promover: motivação, conhecimentos, habilidades e atitudes no aprendiz

Estratégias para o ensino: processos e resultados

Nesse sentido, o campo da Psicologia da Educação pode trazer reflexões sobre a situação inevitável de adaptação da escola e seus atores ao contexto atual e contribuir para a busca de um novo paradigma na compreensão da realidade educacional, além de propor maneiras de resgatar a integração e a vinculação dos professores com os alunos no processo de ensino-aprendizagem. Este trabalho pretende refletir, apresentar um posicionamento crítico e sugerir caminhos possíveis.

As organizadoras
Abril 2014.

Sumário

Apresentação do livro, XI

1. Leitura mediada e prática docente: uma perspectiva sociocognitiva, 1
   Marisa Cosenza Rodrigues
   Nathalie Nehmy Ribeiro

2. A conformação da violência escolar: as expressões da "dupla hierarquia" no recreio, 31
   Ricardo Casco

3. A influência do contexto familiar no processo de aprendizagem dos alunos, 59
   Luciana Maria Caetano

4. Escola e comunidade: o difícil jogo da participação, 97
   Alessandro Soares da Silva
   Soraia Ansara

5. Concepções histórico-críticas da Psicologia e da Educação: a quais desafios da escolarização temos respondido?, 135
   Marilene Proença Rebello de Souza

Apresentação do livro

Formadores da criança e do jovem: Interfaces da comunidade escolar

A formação de crianças e jovens é um desafio compartilhado por pais, professores e sociedade. Segundo avaliamos, não precisa ser uma responsabilidade assumida de forma solitária, mas sim solidariamente. A formação para o desenvolvimento integral do indivíduo ao longo da vida envolve vários aspectos – físico, afetivo, cognitivo, social –, os quais também perpassam o processo de educação formal. Mesmo que parte do cuidado a esses aspectos seja da competência primordial de uma das fontes de apoio à formação, ainda assim haverá um sujeito em desenvolvimento, para o qual os esforços convergem. Quando esse esforço é pensado em parceria, compartilhado, negociado e planejado em cooperação, maior é o benefício que advém do esforço coletivo.

Esperamos com isso deixar claro que a concepção do "formador", para nós, está fundamentalmente pautada por uma visão interacionista, que valoriza a construção do sujeito acima de tudo, que compreende o processo de desenvolvimento e aprendizagem a partir da integração com o seu entorno, de suas vivências e trocas de experiências.

Podemos considerar ainda que a criança e o jovem são influenciados e influenciam a dinâmica desses ambientes em que vivem e circulam, bem como que a existência e a qualidade do diálogo entre escola, família e comunidade se refletem na qualidade da promoção do desenvolvimento global do indivíduo em questão. Soma-se a esses aspectos a consideração do impacto das políticas e administrações públicas na infância e na juventude.

É recorrente também entre os diferentes autores aqui reunidos a concordância quanto ao reconhecimento do professor como a grande autoridade escolar, e que o modo como este exerce sua autoridade influencia fortemente o processo de formação e no que os alunos aprendem a respeito de si mesmos e dos outros.

Os autores compartilham também a compreensão de que mudanças na prática educativa cotidiana requerem, antes de mais nada, uma revisão do modo como, muitas vezes, estamos acostumados a olhar, entender e atribuir causas para o comportamento dos alunos, da relação destes com o educador, do entendimento que temos da família e da comunidade. Muitas vezes, essas crenças são como muros invisíveis que precisam ser derrubados.

Essa revisão de perspectiva, a que nos convidam os autores, aponta para um modo de pensar e planejar a formação escolar condizente com uma visão sistêmica, que implica: identificar quem são os formadores, que concepção de desenvolvimento humano sustentam e que tipo de contribuição têm a oferecer; como se percebem como parte dessa formação em relação aos demais formadores; como o processo de formação escolar é afetado pelas configurações socioculturais do nosso tempo; como a qualidade da relação entre estes diferentes formadores interfere na aprendizagem escolar e no desenvolvimento global de crianças e jovens.

Sabemos da pesquisa e da prática que esse trabalho coletivo em formar nem sempre é tranquilo e fácil. Algumas vezes, pode parecer difícil encarar o "outro" formador como verdadeiramente um parceiro em suas potencialidades. Por exemplo, há barreiras históricas que dificultam o diálogo entre o professor e o aprendiz, entre a escola e a família, a escola e a comunidade intra e extraescolar.

Nos capítulos aqui reunidos, os autores explicitam essas barreiras e tensões, sejam elas físicas, sejam psicológicas, sejam políticas. Em seguida, há um esforço de olhar de modo reflexivo para elas, de abordar novas formas de relacionamento com o aprendiz e de facilitar a formação de redes de parceria entre os diferentes formadores da criança e do jovem. Consideramos, neste livro, como seus formadores potencialmente parceiros: a escola, os pares, a família e a comunidade.

Como este livro se destina principalmente a profissionais da área da Educação, em exercício ou em processo de formação profissional, ele pode auxiliar a identificar e ampliar a rede de suporte em que a escola pode se apoiar para alcançar seus objetivos de promoção do desenvolvimento e de formação escolar dos alunos, assim como para a resolução de problemas que possam ocorrer no processo educacional.

Este volume é composto de cinco capítulos, em que os autores se propõem a apresentar referenciais teóricos contemporâneos da Psicologia aplicados à Educação, que discutem essas questões. A discussão das temáticas é resultado de pesquisas e sugestões de estratégias para transpor algumas barreiras habituais da relação entre escola, alunos, família e comunidade.

No primeiro capítulo, as autoras Marisa Cosenza Rodrigues e Nathalie Nehmy Ribeiro discutem o papel do professor na promoção do desenvolvimento sociocognitivo da criança. Iniciam apresentando a importância das crenças dos professores nas habilidades sociais das crianças e como essa compreensão afeta a relação com seus alunos no processo de ensino e de aprendizagem. Apresentam detalhadamente uma experiência de investigação e de formação sistemática de professoras da Educação Infantil para trabalhar com o desenvolvimento sociocognitivo das crianças a partir da leitura de livros de história. Fundamentam-se no referencial teórico da Psicologia cognitiva aplicada à Educação. São abordadas questões da prática reflexiva das professoras sobre o processo de formação e acompanhamento pelo qual passaram e os desdobramentos de sua capacitação para o trabalho em sala de aula. Oferecem subsídios práticos para fomentar a adaptação dessa experiência, avaliada como de grande sucesso pelas educadoras que participaram do projeto. Trata-se de uma iniciativa que avaliamos como bastante interessante, seja pelos resultados alcançados junto aos envolvidos – principalmente professoras e seus alunos –, seja pelo exemplo de que importantes transformações podem ser operadas no processo educativo, com recursos materiais disponíveis na escola e investimento na formação teórico-prática do educador.

No segundo capítulo, Ricardo Casco nos ajuda a perceber que o recreio não é um mero intervalo da vida educacional para o descanso e a recreação. Convida a olhar esse espaço como importante momento da vida e do desenvolvimento social dos estudantes, que, de certo modo, reproduz os padrões de relação entre professores e alunos no espaço da sala de aula. Além disso, o autor apresenta estudos que caracterizam o recreio como o lugar no qual ocorre grande número de agressões entre crianças e jovens e onde comparece a relação conturbada entre duas hierarquias: a oficial, na qual as avaliações e o sistema de notas enfatizam o domínio intelectual, e a hierarquia não oficial, na qual a força física e um conjunto de aptidões prático-físicas constituem as suas bases. O autor apresenta, ainda, alguns resultados de pesquisas sobre espaços escolares em que se engendram e se manifestam as referidas hierarquias: a sala de aula, as aulas de Educação Física e o próprio recreio, e propõe possibilidades de ações para minimizar o uso da agressão nas relações entre alunos.

No terceiro capítulo, Luciana Maria Caetano aborda a influência do contexto familiar no processo de aprendizagem dos alunos, bem como os diferentes aspectos da delicada relação entre família e escola. A reflexão a respeito desse tema apoia-se em um referencial teórico da Psicologia do Desenvolvimento Interacionista-construtivista, no relato de pesquisas e nos desdobramentos apontados a partir de seus resultados. Dentre eles, ressalta a necessidade de revisão do modo pelo qual os educadores compreendem a família contemporânea, sobre como se relacionar com ela, entender seu papel no processo de aprendizagem escolar, bem como o tipo de suporte e cooperação que a escola também pode oferecer à família em suas metas educacionais. Ao longo do capítulo, a autora aborda aspectos polêmicos da relação família-escola-aprendiz, tais como: os preconceitos mútuos, os desafios de educar na sociedade contemporânea (considerando de modo especial a realidade brasileira), a crise da autoridade e a falta de conhecimento. Apresenta uma análise desses desafios e como transpor esses obstáculos no sentido de construir um contexto mais favorável e positivo de formação escolar e promoção da aprendizagem. A autora finaliza sustentando que "é possível atuar no estabelecimento de relações cooperativas entre escola e família, que serão, antes de tudo, exemplo e modelo de relações pessoais fundamentadas em respeito mútuo para as crianças e os jovens, sejam eles filhos, sejam alunos".

No quarto capítulo, sobre a desejável e, às vezes, difícil parceria entre escola e comunidade, os autores Alessandro Soares da Silva e Soraia Ansara iniciam fazendo uma revisão da literatura que discute os aspectos que envolvem a gestão democrática e os sujeitos envolvidos, numa perspectiva da psicologia histórico-social. Buscam um aprofundamento das questões políticas que envolvem esses pares no ambiente escolar e as relações de dominação e poder nestas relações. Em seguida, os autores analisam os fatores que impedem a parceria entre escola e comunidade, bem como analisam dialeticamente os aspectos micro e macroestruturais presentes nas relações entre indivíduo e sociedade. Enfatizam que a ausência de uma gestão democrática participativa aparece como um dos motivos que impedem uma aproximação da escola com a comunidade.

No quinto capítulo, a autora Marilene Proença Rebello de Souza visa resgatar, de modo crítico, a história do lugar da Psicologia Escolar na Educação brasileira e a discussão sobre o fracasso escolar. Numa perspectiva histórico-crítica, a autora discute as políticas públicas no que se refere à implantação de trabalhos da Psicologia Escolar e Educacional. Pretende, com isto, desmistificar expectativas cristalizadas quanto à atuação dessa área e caracterizar o seu amplo espectro de possibilidades de inserção e contribuições à promoção da educação com qualidade, sobretudo no contexto da escola pública. Por fim, a autora traz o polêmico tema da medicalização na escola e na sociedade, dos diagnósticos e tratamentos descontextualizados das crianças que, na sua avaliação, geram inadequação de um trabalho psicológico escolar.

No conjunto, podemos identificar, de certo modo, que os autores compartilham uma compreensão dinâmica e sistêmica a respeito da interação entre a criança em desenvolvimento e seu ambiente escolar (espaços da escola, colegas, professores, gestores e demais funcionários), com a família (em sua complexidade e variedade) e com a comunidade mais extensa, da qual, de certa forma, família e escola também participam. Esta visão tem sido adotada em diferentes âmbitos da atenção ao desenvolvimento humano, não apenas no campo educacional.

Esperamos que a leitura deste livro ajude a identificar modos de aperfeiçoar as contribuições que professores, pais, colegas, educadores em geral podem oferecer ao educando. Igualmente, esperamos que os conhecimentos e as sugestões abordados do ponto de vista da Psicologia da Educação possam auxiliar a desenvolver a disposição para encarar os desafios de formação de um modo amplo e a disponibilidade para construir coletivamente a compreensão e as soluções para o sucesso na educação de nossas crianças e jovens.

As organizadoras
Abril 2014

Leitura mediada e prática docente: uma perspectiva sociocognitiva

Marisa Cosenza Rodrigues
Nathalie Nehmy Ribeiro

A Educação é um campo amplo e polifacetado de estudos e aplicações, que pode ser definido como um conjunto de práticas sociais a partir das quais "um grupo assegura que seus membros adquiram a experiência historicamente acumulada e culturalmente organizada" (Salvador, 1990, p. 162). Na perspectiva da Psicologia Educacional, autoras como Witter (1999) e Gomes (1999), apoiadas no texto da nova Lei de Diretrizes e Bases da Educação (LDB) e em suas articulações com o trabalho do psicólogo escolar/educacional, salientam que a educação abrange os processos formativos implicados no desenvolvimento integral dos educandos (conhecimentos, habilidades, valores, atitudes, entre outros elementos), os quais possibilitam o exercício satisfatório, produtivo e criativo como cidadãos. Nesse sentido, na opinião de Martinez (1996) e Gomes (1999), a educação não pode ser explicada fora do enfoque do desenvolvimento global do educando.

Coll (1996), ao analisar as relações entre desenvolvimento e educação num enfoque contextualista-interacionista, ressalta a complexidade dessas relações e a necessidade da sua articulação no âmbito das práticas educativas. A educação, na visão do autor, tem um importante papel no sentido de "promover, orientar e dotar de conteúdo o desenvolvimento individual dos seres humanos" (p. 333). Nesse sentido, uma das funções da educação seria criar e estimular o desenvolvimento por meio das interações educativas culturalmente mediadas, incluindo-se aqui a educação familiar, a escolar ou qualquer outra modalidade educativa. Na visão de Coll (1996), para que a educação seja realmente promotora do desenvolvimento, o educador:

> [...] deve conhecer, previamente, o processo evolutivo, suas leis e princípios gerais, bem como muitas particularidades, referentes aos aspectos tão diferentes como os cognitivos, os linguísticos, os emocionais, os sociais etc. Tal conhecimento irá lhe mostrar, entre outras coisas, não apenas quais os desenvolvimentos possíveis em cada momento, em função do nível maturativo dos conteúdos de que se está tratando,

como também que novas aprendizagens são suscetíveis de promover o desenvolvimento e, sobretudo, como impulsioná-las para que a educação se transforme efetivamente em desenvolvimento (p. 337).

O educador, identificado na figura do professor, ocupa lugar de relevância, tendo, portanto, numa perspectiva educacional ampliada, o desafio de buscar conhecer os níveis e as características de desenvolvimento dos seus alunos nos mais variados domínios. Desse ponto de vista, tornam-se importantes o conhecimento, as concepções e as crenças que possui sobre aspectos gerais e específicos do desenvolvimento infantil, sobretudo do desenvolvimento da criança na etapa pré-escolar, a qual está em franco e mutável processo de aquisição de habilidades e competências.

De acordo com Sadalla (1998), a preocupação com as teorias e crenças implícitas dos professores é recente, inserindo-se na área mais ampla dos estudos sobre o pensamento do professor, que surgiu nos Estados Unidos, em 1974, impulsionados pelo nascimento da International Study Association on Teacher Thinking (ISA-TT), tendo Lee Shulman como pioneiro dessa linha de investigações. A autora, com base em Clark e Peterson (1986), salienta que as pesquisas sobre as crenças e teorias do professor compartilham a ideia de que "a cognição docente é guiada por um sistema individual de crenças, valores e princípios" (p. 31). O estudo dessas crenças foi também impulsionado pelo desenvolvimento das tendências cognitivistas da Psicologia contemporânea. Partindo da Psicologia Social, Krüger (1995), por exemplo, ressalta que as crenças são subjetivamente endossadas seguindo níveis quantitativamente diferenciados de convicção que tendem a influenciar "a percepção e a interpretação dos fatos, a formação das identidades, as relações interpessoais e os processos sociais coletivos" (p. 27). Assim, estudos envolvendo concepções docentes focalizam a influência sobre os processos de ensino, aprendizagem e desenvolvimento, entre outras questões relacionadas com as práticas no dia a dia da escola. Há um consenso de que a ação do professor em sala de aula tende a refletir, por exemplo, a adesão a uma determinada filiação teórica ou uma filosofia pedagógica que lhe permite agir de uma forma, e não de outra, enquanto "ensina".

Paiva e Del Prette (2009) argumentam que o sistema de crenças dos professores influencia o processo de ensino-aprendizagem, mediando as decisões pedagógicas e as interações docentes com os alunos. Nesse sentido, funciona como um filtro que os leva a interpretar, valorizar e reagir de formas variadas e diferenciadas no contexto da prática docente. No que tange à abrangência do presente capítulo, a concepção que os docentes possuem sobre determinadas características evolutivas, uma estimativa do que a criança já é capaz de compreender e realizar, por exemplo, em relação à compreensão do mundo social (desenvolvimento sociocognitivo), pode influenciar e determinar a escolha e o desenvolvimento das tarefas propostas às crianças, incluindo-se o trabalho com a literatura infantil que pressupõe mediação docente. Há indícios de que professores da educação infantil tendem a subestimar algumas capacidades sociocognitivas infantis importantes como: a capacidade de prever comportamentos, o conhecimento da existência de conteúdos internos na mente e a capacidade de compreender intenções e emoções próprias e alheias (Zohar, Degani e Vaaknin, 2001; Rodrigues, 2004).

Astington e Pelletier (2000), ao discutirem a questão envolvendo a linguagem referente aos estados mentais e seu papel no ensino-aprendizagem, argumentam, do ponto de vista sociocognitivo, que o conhecimento e a compreensão dos professores nesse domínio tendem a refletir-se no modo como falam sobre ensinar e aprender e em seu estilo de ensino. Dentre os poucos estudos realizados, as autoras destacam o estudo de Feldman e Wertsch, realizado em 1976, o qual demonstra, nesse caso específico, que os professores apresentam maior probabilidade de usar formas de fala mental – que incluem uma gama de verbos metacognitivos, tais como pensar, saber, convencer, descobrir, imaginar, fingir, perceber, entre outros – com seus colegas do que com alunos na sala de aula. Ou seja, tendem a minimizar a capacidade de compreensão infantil utilizando termos e expressões mais simples com as crianças no contexto escolar. Para esses autores, os professores necessitam reconhecer que as crianças, a partir de certa idade, já podem refletir sobre suas próprias crenças e sobre as crenças de outros e que realmente possuem teorias que organizam sua aprendizagem e suas experiências. Essa visão positiva das potencialidades infantis contribui para maximizar e qualificar a relação ensino-aprendizagem e otimizar a utilização de alguns recursos pedagógicos, tais como os livros de histórias.

Considera-se, portanto, na perspectiva do presente trabalho, que concepções e crenças restritivas dos professores sobre as capacidades mentalísticas e sociocognitivas infantis podem vir a comprometer a adoção de perspectivas educacionais mais inovadoras. Um sistema de crenças organizado em torno de uma visão conservadora e maturacionista de desenvolvimento, por exemplo, pode gerar uma prática educativa normativa, pouco promotora de desenvolvimento, que não explora e desenvolve as reais potencialidades da criança pré-escolar. No que diz respeito às atividades com a literatura infantil, mais especificamente, uma concepção simplista e uma utilização limitada pouco exploratória e sistemática, da atividade de contar histórias, como a que ficou evidenciada no estudo de Rodrigues (2004) realizado com docentes da educação infantil, tendem a minimizar suas reais possibilidades, enquanto uma tecnologia educativa, lúdica e com potencial sociocognitivo. Neste caso, acompanhando a visão de Coll (1996), a articulação prospectiva entre desenvolvimento, aprendizagem e educação estaria comprometida. Torna-se necessário destacar que os professores frequentemente ingressam na atividade docente com concepções muito limitadas e tradicionais em relação ao desenvolvimento infantil, crenças oriundas, muitas vezes, de uma formação deficitária nos cursos preparatórios, nos quais a relação entre Psicologia e Educação é apresentada de forma estática e pouco integradora, como salienta Larocca (1999). Essas concepções são muito comuns, até certo ponto compartilhadas, e permeiam o ideário do professor auxiliando-o a lidar com o cotidiano da sala de aula sendo, por essa e outras razões, muito resistentes à mudança. Como argumenta Marchiori (2001), se as crenças são fundamentais e guiam o comportamento humano, o processo de substituir crenças antigas e muito arraigadas por um conjunto de concepções mais inovadoras torna-se de fundamental importância para a mudança da prática educacional nas escolas, ainda que as novas crenças sejam fomentadas de maneira relutante e gradual.

A estimulação de novos valores e atitudes por parte do professor conjuga algumas condições essenciais. Na visão de Marchiori (2001), torna-se fundamental propiciar condições que promovam a reflexão dos professores sobre suas crenças, levando-os a compreender a estreita conexão entre suas ideias e ações e encorajando-os a adotar concepções alternativas e experimentar seus resultados no contexto da prática educativa. Nesse processo, é fundamental o papel de especialistas e pesquisadores educacionais no acompanhamento da prática docente, assim como dos encontros e oficinas que possibilitam a troca de informações e experiências, opinião também compartilhada por Fleury (1995) e Silva (2003). Como ressalta Sadalla (1998), Sadalla et al. (2000) e outros autores, na perspectiva do professor prático-reflexivo, as crenças influenciam a ação docente e retroalimentam práticas que podem se mostrar limitadas, inadequadas e pouco efetivas, comprometendo o processo educativo. Considera-se que a transposição e a aplicação crítica do conhecimento psicológico à escola, principalmente em relação a conhecimentos ainda não dominados ou ignorados, oriundos da Psicologia do Desenvolvimento e da sua interface com a Psicologia Escolar, apresentam, como condição necessária e contextual, a investigação e o redimensionamento preliminares das concepções e práticas dos professores, na medida em que tais concepções podem influenciar a proposição de um trabalho proativo e diferenciado utilizando, por exemplo, a literatura infantil. A seguir, apresentamos algumas considerações envolvendo o desenvolvimento sociocognitivo, com foco na teoria da mente, no processamento de informações sociais e na ótica aplicada mediante utilização da literatura infantil no contexto da prática docente.

Desenvolvimento sociocognitivo e literatura infantil

A importância da leitura dos livros de histórias para o desenvolvimento infantil vem sendo reconhecida por estudiosos que implementaram estudos e pesquisas com intervenção e constataram benefícios em vários aspectos evolutivos, como a linguagem, a cognição, a socialização, o desenvolvimento socioemocional, a alfabetização, a criatividade verbal, entre outros aspectos (para uma revisão, ver Rodrigues, 2008; Fontes e Cardoso-Martins, 2004). Para as referidas autoras, o livro de histórias necessita ser mais valorizado no contexto da família e da escola. Quanto ao seu desenvolvimento, encontra-se na literatura uma variada terminologia: leitura compartilhada (Garcez, 2000), leitura interativa (Dickinson e Smith apud Fontes e Cardoso-Martins, 2004), leitura dialógica (Whitehurst et al., 1988) e leitura mediada (Ferraz, 2008). Não obstante algumas variações metodológicas e do contexto de realização dos estudos referidos, constata-se como eixo comum a interatividade fomentada entre o adulto e a criança. No presente trabalho, parte-se da concepção de Ferraz (2008) que, a nosso ver, sintetiza a essência do desenvolvimento dessa atividade na sala de aula, na medida em que delimita a prática de leitura mediada como um processo de construção educativa conjunta e dialogada, por meio do qual o professor e seus alunos passam a compartilhar sentidos mais amplos e complexos da realidade, relacionando-os com suas experiências e conhecimentos. Destaca-se que "nessa direção, em seu trabalho como mediador, o professor precisa ter claro não só os objetivos que pretende alcançar com a interação desenvolvida na sala de aula, como também os mecanismos cognitivos que estão implícitos nessa interação" (Pimentel, 2007, p. 159). Como argumenta a autora, essa mediação pedagógica deve configurar-se como uma ação planejada e intencional para favorecer a aprendizagem do aluno, contemplando, numa perspectiva sociointeracionista, a perspectiva do ensino enquanto promotor de desenvolvimento humano.

Recentemente, a literatura vem indicando que o livro de história pode ser uma ferramenta útil e fértil no sentido de promover o desenvolvimento sociocognitivo da criança, mais especificamente a capacidade infantil de compreensão do mundo social (Astington e Peskin, 2004; Adrian, Clemente e Villanueva, 2007; Cassidy et al., 1998; Dyer, Shatz e Wellman, 2000; Rodrigues et al., 2007). A premissa é a de que a leitura dos livros infantis pode aprimorar o processamento das informações sociais (Teglasi e Rothman, 2001), bem como da linguagem referente aos estados mentais, no domínio da teoria da mente.

Partindo da Psicologia Cognitiva, o modelo de Processamento de Informação Social de Dodge e Crick (1994), em inglês, Social Information Processing (SIP), considerado um dos modelos mais sistemáticos e que detém evidências empíricas mais robustas, assume que a compreensão e a interpretação das situações experienciadas pela criança no seu cotidiano influenciam o seu comportamento.

De acordo com o modelo proposto pelos autores, as crianças seguem seis passos mentais antes de manifestar um comportamento social, quando deparadas com uma situação oferecedora de pistas sociais. Nos dois passos iniciais, a criança codifica pistas internas e externas, interpreta e representa mentalmente as pistas sociais, comparando pistas concretas oferecidas pela situação imediata com pistas armazenadas, já disponíveis na memória. No terceiro passo, a criança passa a determinar e selecionar objetivos, metas pessoais e resultados desejados a partir de expectativas concretizadas em experiências passadas ou de novas expectativas que são desencadeadas pelas experiências atuais. A construção da resposta (quarto passo) ocorre a partir do acesso à memória que contém informações já armazenadas, ou pela construção de novas respostas diante de situações novas. O quinto passo envolve o processo de decisão do que fazer, ou seja, avaliação das respostas e alternativas possíveis que respondam às expectativas quanto ao resultado esperado ou desejado, considerando o plano pessoal, social e moral. No sexto passo, tem-se então a resposta ou a ação comportamental que pode ser mais ou menos adaptada do ponto de vista psicossocial.

Vasconcellos et al. (2006), ao revisarem estudos focalizados nesse modelo, salientam que o comportamento socialmente inadequado pode abranger desde a codificação tendenciosa até uma falha na tradução de uma decisão comportamental. O modelo proposto descreve, em cada passo, processos específicos passíveis de serem desenvolvidos e estimulados nas crianças.

No plano aplicado e no que tange à utilização da leitura mediada, Teglasi e Rothman (2001) apresentaram um programa que conjuga os fundamentos do modelo em questão com a utilização da literatura infantil, como recurso para aprimorar o processamento de informações sociais das crianças. As diretrizes para o trabalho proposto associam os componentes da narrativa contidos nos livros de histórias com o processamento de informação social e englobam as seguintes perguntas a serem exploradas na leitura com as crianças:

1. O que está acontecendo?

A mediação da leitura deve focalizar a identificação do problema, fazendo um balanço do que está acontecendo externamente. Aqui, o processo envolve a avaliação (observar e interpretar) das pistas sociais que devem ser exploradas em cada cena em particular. Nos vários pontos do desenvolvimento da narrativa, as ilustrações devem ser trabalhadas com base nas expressões faciais e posturas, procedimento que tende a ampliar a gama de informações e pistas relativas aos personagens e às circunstâncias.

2. O que os personagens estão pensando e sentindo?

Assim como tendem a considerar as circunstâncias externas, as crianças também precisam identificar o contexto pela observação do que está acontecendo no mundo íntimo de cada personagem envolvido na trama. Torna-se necessário explorar as conexões entre sentimentos, intenções e interpretações dos personagens nas situações externas. Salienta-se que essa é uma situação potencialmente útil para se fazerem distinções entre os desejos, as intenções e as expectativas de resultados concretos. Portanto, do ponto de vista sociocognitivo, é fundamental demarcar continuamente o que está acontecendo e atualizar, de acordo com o desenrolar da narrativa, o que está ocorrendo internamente com os participantes da história.

3. Quais as intenções e metas dos personagens?

Neste item, Teglasi e Rothman (2001) explicam que se deve explorar, de forma interativa, a relação entre os pensamentos e sentimentos dos personagens com as intenções e metas pretendidas na situação presente e em termos temporais mais alongados. Ressalta-se que se deve levar as crianças a pensar em suas próprias metas ou intenções em situações similares que são vivenciadas no dia a dia da sala de aula, por exemplo.

4. O que os personagens alcançam com suas ações?

Aqui, os autores propõem que sejam comparados e discutidos os resultados das ações e comportamentos dos personagens com suas intenções e metas iniciais, ressaltando-se que também deve ser conferida importância à influência das emoções sobre as decisões que são tomadas ao longo da trama da história. Há uma direção no sentido de conduzir as crianças a refletir e avaliar a adequação das ações e comportamentos dos personagens, possibilitando-lhes a avaliar se tais ações foram mais ou menos efetivas em curto e médio prazo. O pensamento consequencial (causa/efeito) e meio-fim tendem a ser aperfeiçoados na medida em que são exploradas as razões que dificultam a atividade de seguir na direção das intenções.

5. Como os personagens executam e monitoram os próprios comportamentos?

Os autores observam que os personagens podem tanto obter êxito quanto serem malsucedidos em suas ações e comportamentos. As razões que conduzem a esse desfecho devem ser discutidas, pois podem envolver a falta de um planejamento mais adequado e a interferência das emoções dos personagens, por exemplo.

6. Quais as lições aprendidas?

Quanto a este último componente, Teglasi e Rothman (2001) propõem que se deve procurar ampliar o processo experiencial das crianças por meio da exploração de detalhes das histórias, de interações grupais e do estabelecimento de relações com as suas experiências individuais, proporcionando uma ressocialização das experiências.

Essas questões focalizam a exploração do processamento das informações sociais desencadeado pelas ações e pistas contextuais presentes na trama dos personagens e objetivam aprimorar a interpretação infantil das situações sociais vivenciadas na narrativa do livro infantil. Rahilla e Teglasi (2003), em pesquisa sobre a eficácia de dois programas sociais distintos que utilizaram o programa em questão, concluem que se trata de uma proposta de considerável eficácia, sobretudo no que se refere ao processamento cognitivo em crianças agressivas, com transtornos emocionais e comportamentais em geral. No contexto nacional, alguns estudos também convergem nessa direção (Abreu, Rodrigues e Carvalho, 2007; Rodrigues, Abreu e Carvalho, 2005). Essas experiências têm procurado contemplar de forma conjugada uma articulação com o favorecimento da linguagem referente aos estados mentais, uma das questões mais investigadas na área da teoria da mente.

Como argumentam Flavell, Miller e Miller (1999), a mente constitui o marco diferencial que distingue as pessoas e outras entidades em seu entorno, e as crianças não podem avançar muito evolutivamente no que se refere à compreensão dos eventos do dia a dia envolvendo as pessoas e suas ações até que possuam um entendimento rudimentar da mente. Tal entendimento tende a conferir, gradualmente, ordem e previsibilidade aos eventos e às interações vivenciados, sendo de fundamental importância para a inserção adaptativa no mundo social. A área da teoria da mente concentra, atualmente, o interesse de pesquisadores de várias áreas do conhecimento, com destaque para psicólogos desenvolvimentistas e cognitivistas, interessados em saber como e quando a criança adquire a compreensão da existência da mente.

De modo mais geral, a área da teoria da mente dedica-se à investigação da capacidade das crianças de explicar e predizer suas ações, seus próprios estados mentais e dos outros. Os estudos procuram fornecer informações sobre o conhecimento e a compreensão que as crianças vão adquirindo acerca da existência de algo que não é aparente e que não pode ser avaliado pelo plano meramente físico e observável, ou seja, tentam estabelecer em que momento evolutivo do ser humano surge a habilidade de inferir estados mentais (tais como crenças, emoções, desejos e intenções) e predizer comportamentos. Entretanto, como campo recente de investigação, há importantes lacunas a serem investigadas. A sua relação com a linguagem, por exemplo, tem despertado o interesse de vários estudiosos, como ressalta Souza (2006, 2008). As possíveis aplicações dessa interface no contexto da escolarização, embora ainda menos frequente na literatura, também têm constituído foco de interesse crescente (Rodrigues e Tavares, 2009). Isso porque, como advogam Astington e Pelletier (2000) e Astington e Baird (2005), a linguagem é o elemento que dá suporte ao desenvolvimento da compreensão dos estados mentais (crenças, desejos, emoções e intenções) e ao mesmo tempo possibilita à criança construir novas maneiras de vivenciar o cotidiano dos eventos sociais. Nessa direção, Panciera (2007) destaca que a linguagem é essencial, na medida em que viabiliza o acesso, a discriminação e a compreensão desses estados mentais, e, como ressaltam Maluf e Domingues (2010), a utilização apropriada da linguagem pode facilitar o desenvolvimento da teoria da mente.

Como já mencionado, os livros de histórias apresentam-se como uma fonte potencial de conhecimento e compreensão dos estados mentais. Tanto no plano internacional (Cassidy et al., 1998; Dyer, Shatz e Wellman, 2000; Meins et al., 2006) quanto no contexto nacional (Rodrigues e Rubac, 2008; Rodrigues e Tavares, 2009), evidencia-se que os livros de histórias estão repletos de termos mentais, os quais podem ser explorados na perspectiva da leitura mediada por pais e professores.

No que tange ao contexto familiar, a literatura vem evidenciando, por meio de estudos que investigam as conversações familiares, indícios claros de benefícios sociocognitivos dessa atividade compartilhada, sobretudo, quando envolve a díade mãe-filho (Adrian et al., 2005; Adrian, Clemente e Villanueva, 2007; Bartsch e Wellman, 1995; Dunn, Brown e Beadsall, 1991; Ruffman, Slade e Crowe, 2002; Symons, 2004). Os resultados desses estudos convergem para o argumento de Symons et al. (2005) e de outros autores de que a leitura dos livros para as crianças oferece oportunidades particularmente úteis para o desenvolvimento sociocognitivo, na medida em que tendem a fomentar conversações reflexivas sobre os estados mentais dos personagens por meio do material textual. O contexto relacional da atividade propicia explorar com a criança o foco dos pensamentos, desejos, emoções e intenções dos personagens, sendo um contexto fértil, como salientam Rodrigues e Pires (2010), para o desenvolvimento e o aprimoramento da linguagem referente aos estados mentais, caso a atividade seja incorporada à rotina familiar.

Quanto ao contexto escolar, os estudos nessa perspectiva ainda são bastante escassos, e, como ressaltam as autoras anteriormente referidas, ainda que as pesquisas sobre as relações entre linguagem e teoria da mente estejam em produtivo andamento, alguns pesquisadores já começam a se interessar pela sua interface com aspectos ligados à escolarização, como Astington e Pelletier (2000), Feldman e Wertsch (1976) e Rodrigues e Tavares (2009).

Partindo de evidências, já citadas neste capítulo, de que parte dos livros de histórias nacionais pode ser utilizada para promover o desenvolvimento nesse domínio sociocognitivo e considerando o relevante papel de mediador do professor no que diz respeito à utilização da literatura infantil no cotidiano da sala de aula, Rodrigues e Tavares (2009) ressaltam a necessidade de que o professor seja capacitado para redimensionar a utilização dos livros nessa direção sociocognitiva. A proposta de capacitação, apresentada pelas autoras no estudo referido, foi implementada numa pesquisa-intervenção posterior, que envolveu docentes e 60 alunos do 1º ano do Ensino Fundamental de uma escola pública de uma cidade da Zona da Mata Mineira. Os participantes do estudo foram pré e pós-avaliados. O programa implementado pelas próprias docentes, o qual focalizou o desenvolvimento e o aprimoramento da linguagem voltada para os estados mentais e do processamento de informações sociais, por meio da leitura mediada dos livros de histórias, foi acompanhado por reuniões semanais e observações em sala de aula, durante o ano letivo de 2009. Apresenta-se aqui um recorte do referido estudo, mais especificamente os subsídios qualitativos gerados pelo acompanhamento da prática docente com a leitura dos livros infantis sob o enfoque sociocognitivo referido.

Redimensionando a atividade docente de contar histórias: o contexto da pesquisa

Participantes:

O estudo caracterizado como uma pesquisa com intervenção obteve aprovação do comitê de ética da UFJF (MG) e contou com a participação de cinco docentes do 1º ano do Ensino Fundamental, todas do sexo feminino, com curso superior e idade média de 42 anos e com experiência aproximada de cinco anos de magistério. Considerou-se que o possível redimensionamento da atividade com a literatura infantil, a partir de um enfoque sociocognitivo, pressupunha uma capacitação inicial visando a uma apropriação de conhecimentos teórico-práticos na área do desenvolvimento sociocognitivo que pudessem viabilizar desde a seleção adequada do livro infantil até a exploração textual no que tange às categorias de termos voltadas para os estados mentais.

Instrumentos, materiais e procedimentos:

Tendo em vista a importância de se delimitarem as crenças docentes, conforme discutido anteriormente, antes dessa capacitação, as professoras preencheram um questionário – "Caracterização sociocognitiva do pré-escolar", elaborado por

Rodrigues (2004) – que objetivou realizar uma sondagem das concepções das educadoras acerca de algumas características sociocognitivas da criança, incluindo-se aspectos do desenvolvimento da teoria da mente e do processamento da informação social.

Capacitação docente:

Após essa pré-avaliação, realizou-se a capacitação que foi implementada na própria escola, com duração de 20h distribuídas ao longo de três meses. A capacitação seguiu a proposta de Rodrigues e Tavares (2009), subdividindo-se em fundamentos teóricos e uma parte prática. Na primeira etapa (teórica), a proposta focalizou: (a) uma atualização de informações quanto às características sociocognitivas das crianças pré-escolares (capacidade de compreender crenças, emoções, intenções e desejos); (b) informações sobre a área da teoria da mente e suas relações com a linguagem; e (c) informações básicas relativas ao processamento de informação social. É interessante ressaltar que as informações foram trabalhadas com tirinhas de livros e revistas em quadrinhos (Turma da Mônica e Mafalda) e com o uso de meio magnético. Na segunda etapa (parte prática), foram oferecidos exemplos de exploração do livro infantil no cotidiano da sala de aula, de forma a redimensionar, de maneira criativa, o trabalho envolvendo esse recurso, a teoria da mente (linguagem mental) e o reconhecimento e processamento de informações sociais envolvendo as pessoas e suas ações no mundo social. Como complemento prático, e como proposto por Rodrigues e Tavares (2009), as docentes realizaram uma análise individual de livros infantis previamente selecionados que objetivou fomentar a habilidade docente no tocante a:

a) selecionar e realizar leitura prévia dos livros infantis potencialmente férteis do ponto de vista sociocognitivo aqui discutido, focalizando inclusive as cores das ilustrações;

b) identificar e categorizar termos e expressões mentais nas narrativas, avaliando a possibilidade de exploração desses termos no trabalho com os alunos; e

c) explorar a convergência entre as ilustrações e os termos mentais, bem como relacionar termos mentais às expressões faciais dos personagens, potencializando situações oferecedoras de pistas sociais, como recomendam Teglasi e Rothman (2001), e a delimitação da cadeia principal de eventos da narrativa, como indicam Eaton, Collis e Lewis (1999).

A categorização e a definição dos termos basearam-se numa conjugação de estudos internacionais utilizados por Rodrigues, Ribeiro e Cunha (2009) e Pires (2010):

1. Termos cognitivos: palavras e expressões que remetem a conhecimento, memória, incerteza, sonho, realidade *versus* pretensão, utilizadas para referir-se aos estados mentais próprios e alheios (como pensar, achar, saber, reconhecer, lembrar, imaginar etc.).

2. Termos emocionais: termos que remetem a comportamentos emocionais (como abraçar, beijar, sorrir, chorar etc.) e àqueles referentes a emoções ou sentimentos atuais (como amor, gostar, feliz, assustar etc.).

3. Termos de desejo/intenção: delimitados pela utilização das palavras desejar, precisar e gostaria, indicando volição, motivação ou pedido para um objeto ou uma ação na parte de outra.

4. Termos perceptivos: aqueles que remetem à percepções atuais, sendo classificados de acordo com os cinco sentidos: visão, audição, paladar, olfato e tato (como ver, olhar, pegar, cheirar, apalpar etc.).

Além desses aspectos, houve uma ênfase por parte das pesquisadoras em trabalhar o modo como a história é contada e mediada pelo professor, pois, como observa Villardi (1999), as imagens e as ilustrações apresentadas, como também os gestos, a entonação e o ritmo da leitura, contribuem para favorecer a ampliação e a compreensão infantil do significado de palavras desconhecidas. Como esse enriquecimento linguístico é consensual entre os estudiosos (Rodrigues, 2008), pressupõe-se, em decorrência, que o trabalho docente com os livros infantis pode beneficiar o âmbito específico da linguagem referente aos estados mentais, de maneira análoga aos benefícios evidenciados no contexto familiar, conforme discutido anteriormente. Esse é um desafio que certamente deve ser empreendido por aqueles que, na atualidade, se interessam pela vertente aplicada dos estudos na área do desenvolvimento sociocognitivo: auxiliar o professor a promover, no contexto da sua prática diária, o conhecimento e a compreensão dos estados mentais. A capacitação também incluiu a leitura e a discussão de textos com foco no trabalho de Faria (2008).

No último encontro da capacitação e antes da implementação da proposta em sala de aula, solicitou-se às docentes que respondessem a um questionário com quatro questões abertas, que objetivou avaliar a sua efetividade e adequação, bem como sugestões para o seu aprimoramento (Questionário Avaliativo 1), sendo as respostas submetidas à análise de conteúdo temática (Bardin, 2008).

Implementação e acompanhamento do trabalho docente em sala de aula

Ao longo do ano, as docentes implementaram o programa de leitura mediada junto a seus alunos mediante o acompanhamento/orientação semanal das pesquisadoras e a observação assistemática do trabalho com os livros infantis em sala de aula (por duas bolsistas), que objetivou fornecer elementos para as discussões e o aprimoramento da proposta com as docentes. Utilizou-se, durante os meses de abril a novembro, 38 livros de histórias infantis pré-analisados por Rodrigues et al. (2007), identificados como livros que continham em sua narrativa textual uma gama expressiva de termos referentes aos estados mentais e pistas sociais relevantes tanto no texto escrito como nas ilustrações. Para documentar os desdobramentos desse acompanhamento, utilizou-se um diário de campo que focalizou três eixos/categorias qualitativas de registro, a saber:

a) aspectos vinculados ao planejamento e mediação da leitura em sala de aula;

b) a interatividade professor-aluno;

c) percepção docente quanto ao envolvimento das crianças no decorrer do trabalho.

Ressalta-se que as observações e os registros oriundos dessas atividades complementares ao estudo convergem para um modelo híbrido mais qualitativo de coleta de dados (Alves-Mazzoti e Gewandsznajder, 1998), pois envolveu anotações breves com foco nos três eixos mencionados anteriormente. Ao final do ano letivo, buscou-se avaliar a percepção e avaliação mais global das professoras quanto ao trabalho realizado, suas dificuldades e reflexões quanto à convergência da proposta para o contexto de sala de aula, por meio de um questionário semiestruturado (Questionário Avaliativo 2) com sete perguntas abertas, cujos relatos foram também submetido à análise de conteúdo (Bardin, 2008).

Durante o acompanhamento do trabalho das educadoras em sala de aula, procurou-se dialogar, de forma compartilhada e crítica, com a perspectiva vygotskiana e com a instrumentalização, por excelência, do conceito de zona de desenvolvimento proximal (Vygotsky, 1984). Seguiu-se a recomendação de Dyer, Shatz e Wellman (2000), os quais sugerem, a esse respeito, que "talvez os livros de histórias apresentem uma situação onde o cuidador possa engajar a criança, tornando-a consciente de conceitos familiares de emoção e desejo, e depois seguir com uma introdução de palavras menos familiares, expressando crenças e cognições" (p. 28). Nessa perspectiva, os termos voltados para os estados mentais, para a compreensão dos comportamentos e consequências das ações dos personagens, assim como as figuras ilustrativas e as situações de ironia contidas no texto, devem ser explorados de modo interativo e com a mediação do professor, para que as crianças possam, a partir da história contada, ampliar gradativamente a sua compreensão sociocognitiva.

Contextualização dos resultados: contribuições e desafios para a prática docente

A investigação realizada antes da capacitação indicou, de modo geral, que as concepções do grupo de educadoras eram restritivas e não favoreciam as habilidades e as potencialidades, descritas pela literatura da área, já pertinentes à criança do final da etapa pré-escolar (6 anos de idade). As frequências e percentuais obtidos a partir das respostas das professoras indicam opiniões desfavoráveis, por exemplo, em relação à capacidade infantil de distinguir entre aparência e realidade, de saber que as pessoas podem ter crenças que não condizem com a realidade (crenças falsas) e à capacidade infantil de compreensão das intenções e emoções dos outros. Houve, portanto, convergência com os resultados encontrados no estudo de Rodrigues (2004), já referido, os quais também indicaram que as professoras tenderam a subestimar importantes capacidades sociocognitivas das crianças dessa faixa etária. Esses resultados mostraram, uma vez mais, a necessidade de ser realizada a capacitação prévia para preparar e fundamentar o trabalho do ponto de vista teórico-prático, proporcionando atualização das concepções acerca do desenvolvimento infantil. Ou seja, é preciso que o professor tenha um conhecimento mais realístico quanto às características e às potencialidades sociocognitivas das crianças, pois um conhecimento mais atualizado contribui para otimizar a utilização dos recursos pedagógicos (Marchiori, 2001).

Durante a capacitação observou-se grande interesse, curiosidade e empenho das educadoras, que faziam perguntas frequentes de esclarecimentos com relação ao conteúdo teórico. É interessante destacar que todas procuraram relacionar tal conteúdo com situações vivenciadas em sala de aula, dando exemplos de falas infantis que poderiam estar expressando a existência de uma teoria da mente, aspecto que foi facilitado pela linguagem simples da capacitação com a inserção de tirinhas explicativas e bem-humoradas de revistas em quadrinhos: "Eu tenho um aluno que falou assim outro dia ..."; "Minha aluna tem essa inteligência social ...".

Os registros no diário de campo indicaram um incremento expressivo desse interesse na parte prática e interativa com os livros infantis, levando as professoras a expressar certo grau de surpresa quanto à necessidade e à importância das etapas de planejamento do trabalho (critérios de escolha e mapeamento das narrativas dos livros com a identificação dos termos mentais, bem como a delimitação das perguntas previstas por Teglasi e Rothman – 2001). Foram também registradas falas refletindo expectativas positivas quanto à disposição de transpor os conhecimentos adquiridos para a sala de aula, com a crença de que seria possível redimensionar a atividade de contar histórias para uma direção mais promotora de desenvolvimento infantil.

De forma mais objetiva, a análise das respostas ao Questionário Avaliativo 2, aplicado após a capacitação, reforça tais observações, na medida em que foram delimitadas quatro categorias globais, todas com indicativas de que a capacitação atingiu o objetivo proposto, uma vez que: (1) ampliou e atualizou o conhecimento acerca das capacidades e das potencialidades sociocognitivas das crianças pré-escolares e quanto aos aspectos que contribuem para esse desenvolvimento; (2) foi efetiva, pois focalizou uma convergência teórico-prática quanto aos critérios para seleção de livros e uma abertura quanto à exploração sociocognitiva das narrativas, facilitando o trabalho da leitura mediada; (3) houve sugestão positiva de ampliação da carga horária da capacitação; e (4) houve sugestão adicional de inclusão de outros livros infantis já utilizados em sala de aula pelo professor. Para exemplificar, seguem alguns fragmentos de respostas indicativos dessa avaliação favorável:

Professora 1: [...] aprofundamos o nosso olhar sobre as crianças e seu desenvolvimento [...]; [...] os slides com as tirinhas das histórias em quadrinhos e o material impresso facilitaram muito a assimilação do que foi exposto em cada módulo [...]; [...] ajudou a pensar na prática pedagógica[...];

Professora 2: [...] a história em quadrinhos tornou o trabalho mais interessante [...]; [...] a capacitação permitiu que refletíssemos e aprendêssemos formas diferentes de trabalhar com as nossas crianças [...]; [...] viabilizou um conhecimento ampliado sobre elas [...];

Professora 3: [...] aumentamos o nosso vocabulário de termos mentais e a nossa percepção sobre as possibilidades de utilizá-los para o trabalho preventivo [...]; [...] a carga horária poderia ser ampliada[...];

> Professora 4: [...] pude compreender que o uso de termos mentais mais sofisticados, ligados a cognição, emoção e intenção, pode auxiliar a criança a desenvolver sua capacidade de compreensão do outro através da história [...]; [...] compreendi as questões complexas que permeiam o universo infantil interno e passei a redirecionar minhas reflexões e atitudes sobre elas [...];

> Professora 5: [...] minha percepção ficou mais apurada sob o novo olhar da teoria da mente[...]; [...] vivencio situações parecidas como as das tirinhas da Mafalda [...]; [...] o conteúdo do processamento de informação foi de maneira prática e eficaz [...]; [...] colocamos a mão na massa analisando os livros que antes não eram enxergados como agora [...]; [...] poderíamos também utilizar revistas em quadrinhos e outros livros que já trabalhamos em sala de aula.

A análise qualitativa oriunda das observações assistemáticas e do acompanhamento semanal sugere indicadores positivos a partir dos três eixos delimitados. Quanto ao primeiro eixo – aspecto vinculado ao planejamento e à mediação da leitura em sala de aula –, constatou-se um claro aprimoramento. Mais especificamente, ao longo do ano letivo, observou-se que as professoras passaram a ter critérios sociocognitivos cada vez mais apurados para a seleção dos livros infantis a serem trabalhados em sala de aula. Algumas falas registradas durante esse acompanhamento podem exemplificar essa evolução:

> [...] agora percebo que a escolha de um bom livro de história é importante para a interação com as crianças [...]; [...] o melhor é ler histórias que os personagens são animais, para que as crianças não identifiquem o colega [...]; [...] fui percebendo que cada livro tem características diferentes de trabalho tendo que ser explorados de maneira diferenciada [...]; [...] as histórias que possuem lições no final são mais interessantes e chamam mais atenção das crianças para o conteúdo [...]; [...] gosto de livros que tem palavras mais diversificadas, pois o trabalho fica mais gostoso [...]; [...] as crianças ficam perguntando o que significa e participam mais [...]; [...] as expressões faciais dos personagens são importantes e ajudam as crianças a entenderem os sentimentos [...]; [...] o bom deste livro é que depois pude fazer uma atividade dentro do meu cronograma pedagógico.

Como argumentam Ferraz (2008), Villardi (1999) e Faria (2008), esse é um importante aspecto a ser considerado, pois a escolha adequada do livro de história facilita a mediação com crianças, guiando o leitor a perceber os elementos presentes na narrativa e permitindo direcionar conhecimentos e explorá-los a partir dos recursos oferecidos. Destaca-se, de forma complementar, que houve também uma expressiva evolução das educadoras no que diz respeito à observação sociocognitiva de identificar previamente o potencial dos livros quanto à convergência entre as ilustrações e os termos mentais presentes nas narrativas. No início, a observação docente tendia a focalizar as emoções básicas mais conhecidas, expressas, por exemplo, pelos termos medo, alegria, passando, gradualmente, a identificar e explorar mais intencionalmente termos diferenciados, tais como rejeição, abandono, melancolia, radiante, contentamento etc. Houve também maior atenção para as cores das ilustrações que, como salientam Witter e Ramos (2008), constituem aspecto relevante na motivação infantil. Na opinião de algumas docentes:

> [...] os livros que têm figuras mais coloridas deixam as crianças mais atentas [...]; [...] quando se conta a história, a criança internaliza os termos e palavras usadas [...]; [...] antes realmente não tinha pensado nessa forma de fazer com que a criança aprenda e utilize novas palavras para as emoções [...]; [...] é gratificante ver um aluno falando a palavrinha trabalhada na história.

A etapa de planejamento da atividade foi sendo cada vez mais valorizada e discutida nas reuniões pelas educadoras, que passaram a compartilhar avanços, dificuldades e experiências quanto à identificação dos termos cognitivos, emocionais e de desejo/intenção (mapeamento sociocognitivo da narrativa), bem como as possibilidades de respostas às seis questões de processamento de informação propostas por Teglasi e Rothman (2001). Esse aspecto foi, inicialmente, trabalhado durante a capacitação e aperfeiçoado, numa ótica prática-reflexiva, durante todos os encontros semanais, permitindo uma apropriação mais efetiva por parte das docentes. São indicados alguns fragmentos de falas emitidas:

> [...] a troca de experiências nos encontros está sendo ótima [...]; [...] olha, com o livro da semana passada eu fiz assim, você poderia fazer também [...]; [...] com essa palavra eu tive dificuldades, mas procurando no dicionário encontrei mais alternativas [...]; [...] percebi que as crianças têm prazer em conhecer novas palavras [...]; [...] é importante, após definir o termo, focar para a criança na utilização da palavra [...]; [...] a cada reunião semanal me aproprio mais do trabalho.

As docentes também discutiram nas reuniões a melhor maneira de desenvolver e aprimorar a leitura dos livros de história em sala de aula, comentando que faziam adaptações, como, por exemplo:

> [...] tentei fazer rodinha, mas as crianças estavam muito dispersas, aí achei melhor cada uma ficar na sua carteira mesmo [...]; [...] meus alunos prestam mais atenção e participam mais quando eu primeiro conto a história e depois faço os questionamentos e exploro a linguagem [...]; [...] o trabalho é mais produtivo quando é desenvolvido nas primeiras aulas, pois as crianças estão mais calmas.

Os registros das reuniões e das observações em sala de aula permitiram indicar também uma apropriação gradual de crescente aperfeiçoamento quanto ao desenvolvimento da leitura mediada com foco na exploração sociocognitiva de situações nas narrativas oferecedoras de pistas sociais. A elaboração prévia do mapeamento sociocognitivo das narrativas passou, ao longo do ano letivo, a ser realizada pelas próprias docentes e discutida na reunião semanal, o que, na visão do grupo, facilitou a mediação da leitura em sala de aula:

[...] agora deixo as crianças acharem sinônimos para as palavras e muitas vezes me surpreendo com resultados positivos encontrados [...]; [...] olha, quando a palavra é mais difícil, é só dar um exemplo usando outra situação que os alunos entendem melhor o significado [...]; [...] vou ser sincera, no princípio ficava perdida e não gostava de usar o mapeamento, mas agora ele me ajuda a organizar o trabalho de exploração [...]; [...] de tanto utilizar as perguntas do mapeamento, já faço os questionamentos sem perceber [...]; [...] não tive dificuldade de montar o mapeamento do livro e achei muito bom.

Quanto ao segundo eixo de observação e registro – a interatividade professor e aluno –, também pode ser indicada uma avaliação bastante positiva. Diante do objetivo de ampliar e diferenciar a linguagem referente aos estados mentais, as professoras passaram a delimitar previamente e explorar, de forma dialogada e interativa com os seus alunos, possíveis sinônimos e alternativas para as expressões contidas nas narrativas. Ressalta-se que tanto as observações das pesquisadoras em sala de aula quanto as falas das professoras nas reuniões indicaram uma crescente compreensão e ampliação do vocabulário das crianças em suas interações em sala de aula. São sugestivas algumas falas das professoras que foram sendo registradas nas reuniões:

[...] meu aluno me falou que estava se sentido rejeitado depois que eu explorei esse termo em uma história [...]; [...] as crianças estão usando palavras novas no seu dia a dia [...]; [...] quando exploro um termo com a criança, vejo que ela passa a entender melhor a parte da história [...]; [...] percebo que meus alunos estão com mais facilidade de falar alguns termos e de dar definições e alternativas para eles durante o trabalho com as histórias [...]; [...] fiquei feliz outro dia ao ouvir uma aluna dizendo para a colega que estava entusiasmada [...]; [...] as crianças estão entendendo mais o que digo durante as aulas.

As docentes argumentaram nas reuniões que algumas crianças se identificavam com os personagens, passando a agir de modo semelhante a eles em seu cotidiano, ampliando as estratégias e as possibilidades de resolução de problemas. Alguns relatos das educadoras exemplificam:

[...] percebo que alguns alunos, através das lições dos livros, estão melhorando o comportamento em sala de aula [...]; [...] tento mostrar para as crianças que o personagem pode pensar de uma forma e depois agir de outra maneira [...]; [...] está sendo interessante trabalhar as consequências das ações dos personagens [...]; [...] as crianças estão conseguindo, com maior facilidade, se colocar no lugar do colega ou do personagem da história [...]; [...] o trabalho com os livros vem colaborando para a prevenção de possíveis problemas apresentados pelas crianças [...]; [...] meus alunos estão brigando menos e conversando mais.

Estes resultados convergem com estudos que também desenvolveram programas em contexto escolar utilizando os livros de história como recurso para promover o desenvolvimento social e a linguagem de crianças em idade pré-escolar, os quais evidenciaram um favorecimento da compreensão de histórias, de aspectos sociais e do vocabulário infantil (Astington e Peskin, 2004; Fontes e Cardoso--Martins, 2004; Meins et al., 2006).

No que se refere ao terceiro eixo de observação e análise – percepção docente quanto ao envolvimento das crianças no decorrer do trabalho –, os subsídios qualitativos permitem indicar que o aperfeiçoamento crescente da exploração mediada da leitura no contexto de sala de aula possibilitou contemplar, de forma híbrida, a autodescoberta das crianças e a instrução tutorada, bem como um aprimoramento do manejo relativo a interatividade e conflitos sociocognitivos que emergiram no desenvolvimento da atividade de leitura mediada no contexto escolar. Alguns comentários nessa direção:

> [...] quando preciso resolver problemas em sala de aula, procuro relembrar acontecimentos das histórias e assim fazer com que a criança reflita e chegue a uma melhor alternativa [...]; [...] meus alunos passaram a participar mais na aula, melhoraram a socialização e também nos aspectos relacionados à timidez [...]; [...] o trabalho esta sendo interessante, pois despertou a importância de levar nossos alunos a pensar mais em suas ações e fazer com que eles mesmos cheguem a uma conclusão [...]; [...] as crianças adoram dar exemplos de seu cotidiano e eu trabalho a partir dos exemplos delas.

Cabral (2005) destaca que a leitura deve ser entendida como atividade cognitiva e de linguagem, na qual as informações presentes no texto podem construir, de forma interativa, sentidos pessoais afetivos e sociais para o leitor, nesse sentido pode influenciar o comportamento.

De acordo com os relatos das professoras e o registro das observações em sala de aula, houve um incremento do interesse e da participação ativa das crianças no trabalho a partir da leitura mediada. De forma mais objetiva, as anotações no diário de campo indicam um aumento da frequência de perguntas com os próprios alunos, passando, numa relação interativa, a verbalizar alternativas para alguns termos mentais, bem como para ações dos personagens. São exemplificadas algumas falas infantis:

> [...] o personagem está feliz, alegre, entusiasmado, animado [...]; [...] tia, você não explicou o que é caçoar [...]; [...] pelo rosto dele, ele pode não estar só triste, mas também decepcionado ou chateado com alguma coisa [...]; [...] agora ele tá pensando, porque tem um balãozinho em cima da cabeça dele [...]; [...] não foi certo o que ele fez, ele podia ter falado.

Os subsídios qualitativos apresentados são reforçados pela análise de conteúdo do Questionário Avaliativo 2, aplicado, ao final do ano letivo, ao grupo de educadoras. As respostas permitiram delimitar seis categorias globais, todas favoráveis à proposta do projeto, a saber: (1) convergência positiva entre a capacitação e a prática docente; (2) sugestões mais gerais de ampliação; (3) percepção positiva quanto à relevância da proposta; (4) não foram encontradas dificuldades para desenvolver a leitura mediada; (5) o acompanhamento semanal contribuiu para uma prática reflexiva; e (6) sugestões pedagógicas práticas.

Todas as educadoras avaliaram positivamente o trabalho, alegando que obtiveram êxito ao transpor o conhecimento adquirido na capacitação para a prática cotidiana em sala de aula e que é importante e necessário que esse trabalho seja realizado pelo professor no contexto escolar, sugerindo ampliações. Todas afirmaram que o acompanhamento semanal, realizado ao longo do ano letivo pelas pesquisadoras, contribuiu para uma prática reflexiva e diferenciada com os livros infantis, explicitando que esses momentos propiciavam oportunidades de esclarecer as dúvidas que surgiam durante as atividades com a literatura infantil, como também forneciam uma troca de experiências participativa e de aprendizagem com as outras docentes. A valorização da leitura mediada com foco na promoção dos aspectos sociocognitivos infantis foi, portanto, consensual. Alguns relatos podem exemplificar:

> Professora 1: [...] o projeto, no meu caso, enriqueceu ainda mais minha forma de trabalhar com os livros; [...] com as reuniões pude ver os pontos que eu precisava melhorar ou modificar.

> Professora 2: [...] o que modificou foi a ênfase na literatura para a redução de problemas e sua prevenção; [...] não encontrei dificuldades, muito pelo contrário, é uma forma muito rica que estimula a participação dos alunos, trazendo para o cotidiano questões que aparecem nos livros [...]; [...] o trabalho coletivo dos professores e ca-

pacitadores é de importância fundamental para rever, adequar e confirmar as ações exitosas [...]; [...] o projeto poderia incluir as famílias.

Professora 3: [...] aprendemos um jeito novo de contar histórias e a aprendizagem foi gradativa e significativa; [...] não considero que tivemos dificuldades; [...] com as histórias infantis é possível alcançar vários objetivos com muito mais rapidez e facilidade [...]; [...] a compreensão social também foi facilmente alcançada através desse trabalho [...]; (como sugestão) [...] tentar colocar os livros dentro do planejamento e dos projetos da escola.

Diante desse quadro prospectivo de resultados, apresentam-se, a seguir, algumas sugestões e diretrizes derivadas do estudo que podem contribuir tanto para a formação inicial quanto para a prática dos professores com os livros infantis.

Leitura mediada com enfoque sociocognitivo: algumas sugestões e possíveis diretrizes

Como afirmam Miller e Aloise (1989), todo julgamento acerca do mundo social pressupõe a noção básica, a ser adquirida pelas crianças, de que os estados mentais existem. Entendemos que essa deve ser a diretriz sociocognitiva básica que orienta a prática docente com as crianças no que tange à leitura de histórias, isto é, levá-las a adquirir a noção da existência subjetiva dos estados mentais. E "como a linguagem é um sistema simbólico da cultura, é ela que possibilita às crianças elaborar conhecimentos não manifestos no exercício da comunicação" (Valério, 2008, p. 5). Isso inclui o conhecimento da existência de crenças, desejos, emoções e intenções e o aprimoramento do processamento de informações que emanam das situações sociais vivenciadas. Compartilhamos da visão sociointeracionista de Machado (1994), segundo a qual, o desafio de conjugar, de forma dinâmica, desenvolvimento, aprendizagem, linguagem e cultura no contexto de sala de aula é desejável e possível ao educador, e essa perspectiva integradora da prática docente envolve discussões mais complexas referentes, por exemplo, às relações entre Psicologia e formação do educador. Nesse sentido, algumas sugestões e diretrizes derivadas do estudo podem ser apresentadas nos Quadros 1.1 e 1.2.

Quadro 1.1 Planejamento docente da atividade

- **É importante realizar leituras na área do desenvolvimento sociocognitivo** visando atualizar informações acerca das características e potencialidades das crianças. Ao final deste capítulo são sugeridas algumas referências.

- **Adequar esse referencial às características de seus alunos** considerando, sobretudo, a faixa etária e as características comportamentais e relacionais do grupo.
- **Procurar selecionar livros de histórias com potencial sociocognitivo** já existentes na biblioteca da escola e que tenham alguma recomendação quanto à qualidade textual e de ilustrações. É interessante que possam ser disponibilizados alguns exemplares para os alunos durante o desenvolvimento da leitura mediada, caso seja possível, para que possam manusear, observar as imagens e acompanhar a leitura do professor.
- **Os critérios para a seleção do livro com potencial sociocognitivo devem focalizar:**
  1. O momento do trabalho docente: se inicial, deve começar com livros que tenham uma narrativa textual mais simples, depois os de nível intermediário e só então inserir livros com narrativas mais complexas que tenham, por exemplo, balões de pensamento e termos mentais mais sofisticados e menos conhecidos.
  2. A riqueza dos termos e expressões concernentes aos estados mentais cognitivos, emocionais, referentes a desejo/intenção, e termos perceptivos. Para essa identificação e categorização dos termos, deve-se levar em consideração uma definição, tal como a que foi apresentada no presente capítulo.
  3. A estrutura da narrativa textual, pois é fundamental que ela tenha início, meio e fim para que possa viabilizar a exploração dos seis componentes de processamento de informação propostos, numa ótica aplicada, por Teglasi e Rothman (2001), aqui descritos.
- **Realizar um mapeamento prévio do livro** procurando identificar e codificar os termos mentais, as possibilidades de resposta que o livro oferece quanto às seis perguntas de cunho sociocognitivo, bem como avaliar o grau de convergência entre as ilustrações e a linguagem mentalista. Mais especificamente, é preciso que o professor faça uma estimativa preliminar do que é passível de ser explorado na leitura mediada com os alunos, incluindo-se situações de ironia presentes nas histórias. Delimitar expressões e palavras alternativas para os termos mentais encontrados nas narrativas facilita o trabalho e a apropriação pelo professor. Esse mapeamento inicial evita o empirismo e uma condução intuitiva tendendo a qualificar e organizar a condução da atividade em sala de aula.

Fonte: Elaborado pelas autoras.

Quadro 1.2 Desenvolvimento e avaliação da atividade

- **O trabalho deve iniciar-se com a exploração do próprio título do livro infantil, bem como a ilustração que apresenta na capa**, como recomendam vários autores, dentre eles, Faria (2005).

- **Exploração com foco no processamento de informação social.** Propõe-se começar pela exploração dialogada das seis perguntas envolvendo o processamento de informação social (anteriormente descritas) até o final da narrativa e depois retornar ao início focalizando os termos mentais previamente identificados. Essa mediação necessita levar em conta, de forma interativa e híbrida, o movimento de autodescoberta das crianças em relação à trama e aos detalhes da história, como também uma instrução tutorada mais diretiva por parte do adulto-mediador, que permita explorar, com intencionalidade educativa, os aspectos sociocognitivos aqui propostos. Uma discussão mais detalhada sobre essa interatividade é realizada por Spinillo e Lautert (2008).

- **Exploração dos termos mentais.** A experiência com o projeto realizado permite indicar a pertinência de se começar explorando termos mentais familiares referentes à emoção e ao desejo, passando gradualmente para palavras e expressões menos conhecidas pelas crianças e depois focalizar os termos que remetem a crenças e cognições, seguindo-se a mesma lógica, dos mais familiares para os menos conhecidos. Na ótica da promoção da linguagem mentalista, a mediação dos termos perceptivos, por refletirem ações observáveis e físicas dos personagens, deve ocupar um lugar secundário no trabalho do professor.

- **Indica-se que algumas adaptações do mapeamento prévio devem ser realizadas pelo educador.** Tais adaptações devem considerar a dinâmica do trabalho, a estrutura da narrativa, bem como a sua receptividade (interesse) pelos alunos e situações de interação social que surgem entre as crianças (conflitos, por exemplo). Na ótica do professor prático-reflexivo é relevante que o(a) educador(a), ao ir se apropriando da condução da leitura mediada, vá fazendo, de forma dinâmica, ajustes e adaptações, implementando estratégias mais eficazes que contemplem tanto as suas próprias características quanto as especificidades do seu grupo de alunos.

- **Transposição das situações vivenciadas para a vida cotidiana dos alunos.** Sugere-se que, durante a mediação sociocognitiva, o educador estabeleça transposições entre situações e conflitos vivenciados pelos personagens ao longo da narrativa e o contexto de vida diário experienciado pela criança (quer seja na sala de aula, quer seja com amigos, quer seja na família etc.). É importante atentar para algumas perguntas: Isso já aconteceu com vocês?

> Olha só como os personagens resolveram o problema. Vocês já vivenciaram situação semelhante? Como resolveram a situação? Como se sentiram agindo assim? Depois de ouvir essa história, vocês teriam outras alternativas? Quais? Uma excelente oportunidade para trabalhar essa transposição é por meio da exploração das ironias contidas em algumas histórias, pois elas estimulam a criança a ter uma perspectiva que ultrapassa o que é imediatamente dado pelo texto (Dyer, Shatz e Wellman, 2000).
>
> - **A importância da avaliação da atividade.** O aperfeiçoamento da leitura mediada com enfoque sociocognitivo necessita de uma avaliação constante e processual que viabilize a descoberta de possíveis falhas e de estratégias mais eficazes que possam contribuir para o seu aprimoramento (Sadalla, 2000). A reflexão sobre essa prática leva o professor a repensar sua metodologia e seus objetivos com cada livro em particular. Sugere-se que o educador faça registros posteriores do trabalho diário dessa atividade, anotando as suas impressões e dificuldades com relação a cada livro explorado, bem como o *feedback* fornecido pelos alunos.
>
> *Fonte*: Elaborado pelas autoras.

Por meio da leitura de um livro de história, a criança, nos anos pré-escolares, pode ir aprimorando seus conhecimentos e desenvolvendo habilidades por si só. Entretanto, quando essa leitura conta com a participação de um intermediário adulto, por exemplo, o professor, torna-se oportuno criar possibilidades de interação, de exploração e de conversação sobre o texto, podendo facilitar às crianças o conhecimento de conceitos e habilidades que não estão explícitos na leitura quando realizada individualmente (Mella e Jordan, 2010). Como descrito anteriormente, existem muitos elementos narrativos que podem ser explorados no trabalho de mediação em sala de aula. Diante do que vem sendo discutido, destaca-se que, para que a mediação do desenvolvimento infantil seja produtiva, torna-se imprescindível que essa mediação seja conduzida com objetivos e metodologias adequadas.

Considerações finais

O presente capítulo defende a viabilidade de o professor desenvolver as habilidades sociocognitivas infantis por meio da leitura mediada no contexto de sala de aula. Para tanto, foi apresentada a fundamentação que embasou a pesquisa com intervenção e discutidos os seus resultados qualitativos no que tange à prática docente. Visando atingir e instrumentalizar o professor interessado em incorporar a leitura mediada com esse enfoque sociocognitivo na prática cotidiana com os livros infantis, foram apresentados, de forma complementar, alguns subsídios e diretrizes que podem auxiliar o professor de modo mais efetivo e prático.

É de especial relevância que os professores acreditem nas potencialidades sociocognitivas de seus alunos, não ignorando a necessidade de facilitar e estimulá-las no contexto escolar, passando a reconhecer que podem atuar como agentes promotores de desenvolvimento, implementando ações que maximizem uma trajetória de desenvolvimento psicossocial mais saudável dos educandos. Nos dias atuais, é fundamental que o professor estimule ações preventivas por meio das atividades escolares, o que pode ser feito, como ficou demonstrado pela experiência do projeto aqui discutido, utilizando-se de um recurso barato e de fácil acesso na escola, os livros de histórias infantis. Nessa direção, a leitura mediada, se desenvolvida com intencionalidade educativa, ganha destaque por oferecer oportunidades de promover esse desenvolvimento e aprimorar aspectos sociocognitivos infantis importantes para a compreensão do mundo social, como, por exemplo, a compreensão das emoções, das intenções, e as habilidades sociais infantis, aspectos que podem contribuir, indiretamente, para a adoção de comportamentos socialmente mais adaptativos.

Conclui-se que, por se tratar de um tema bastante inovador no contexto infantil, a leitura mediada com enfoque sociocognitivo constitui um desafio que deve e pode ser empreendido com criatividade pelo professor. Os resultados aqui discutidos evidenciaram a possibilidade efetiva do redimensionamento das crenças docentes sobre as potencialidades de compreensão das crianças, bem como a viabilidade de se otimizar a utilização da literatura infantil em sala de aula numa direção de desenvolvimento e aprendizagem mais proativa. Almeja-se que estudos futuros possam ampliar a proposta aqui apresentada contribuindo para o aperfeiçoamento diferenciado da prática pedagógica com os livros de histórias infantis.

Referências bibliográficas

ADRIAN, J. E.; CLEMENTE, R. A.; VILLANUEVA, L. Mothers' use of cognitive state verbs in picture-book reading and the development of children's understanding of mind: a longitudinal study. *Child Development*, v. 78, n. 4, p. 1052-1067, 2007.

ADRIAN, J. E. et al. Parent-child picture-book reading, mothers' mental state language and children's theory of mind. *Journal of Child Language*, v. 32, n. 3, p. 673-686, 2005.

ABREU, C. S.; RODRIGUES, M. C.; CARVALHO, C. G. Uma perspectiva cognitiva no trabalho com crianças agressivas. CONGRESSO NACIONAL DE PSICOLOGIA ESCOLAR, VIII., 2007. São João Del Rey, MG. *Anais...* São João Del Rey, MG: Associação Brasileira de Psicologia Escolar e Educacional, 2007. (meio magnético)

ALVES-MAZZOTI, A. J.; GEWANDSZNAJDER, F. *O método nas ciências naturais e sociais: pesquisa quantitativa e qualitativa*. São Paulo: Pioneira, 1998.

ASTINGTON J. W.; BAIRD, J. A. *Why language matters for Theory of Mind*. Oxford: Oxford University Press, 2005.

ASTINGTON, J. W.; PELLETIER, J. A linguagem da mente: seu papel no ensino e na aprendizagem. In: OLSON, D. R.; TORRANCE, N. (Orgs.). *Educação e desenvolvimento humano*. Porto Alegre: Artmed, 2000.

ASTINGTON, J. W.; *PESKIN,* J. The effects of adding metacognitive language to story texts. *Cognitive Development*, v. 19, n. 2, p. 253-273, 2004.

BARDIN, L. (1977). *Análise de conteúdo*. Lisboa: Edições 70, 2008.

BARTSCH, K.; WELLMAN, H. M. *Children talk about the mind*. Nova York: Oxford University Press US, 1995.

CABRAL, A. L. T. *Interação leitura e escrita: processos de leitura de perguntas de exame revelados pelas escritas das respostas*. 2005. Tese (Doutorado) – Pontifícia Universidade Católica de São Paulo, São Paulo. 2005.

CASSIDY, K. W. et al. Theory of mind concepts in children's literature. *Applied Psycholinguistics*, v. 19, p. 463-470, 1998.

CLARK, C. M.; PETERSON, P. L. Teachers' thought processes. In: WITTROCK, M. C. (Org.). *Hand book of research on teaching*. Nova York: MacMillan Publishing Company, 1986.

COLL, C. Desenvolvimento psicológico e processos educacionais. In: COLL, C.; PALLACIOS, J.; MARCHESI, A. (Orgs.). *Desenvolvimento psicológico e educação: psicologia da Educação*. Porto Alegre: Artes Médicas, 1996.

DODGE, K. A.; CRICK, N. R. A review and reformulation of social information processing mechanisms in children's social adjustment. *Psychological Bulletin,* v. 115, n. 1, p. 74-101, 1994.

DUNN, J. et al. Young children's understanding of other people's feelings and beliefs: individual differences and their antecedents. *Child Development,* v. 62, p. 1352-1366, 1991.

DYER, J. R.; SHATZ, M.; WELLMAN, H. M. Young children's storybooks as a source of mental state information. *Cognitive Development,* v. 15, n. 1, p. 17-37, 2000.

EATON, J. H.; COLLIS, G. M.; LEWIS, V. A. Evaluative explanations in children's narratives of a video sequence without dialogue. *Journal of Child Language*, v. 26, p. 699-720, 1999.

FARIA, M. A. Como usar a literatura infantil na sala de aula. 4. ed. São Paulo: Contexto, 2008.

FELDMAN, C.; WERTSCH, J. Context dependent properties of children's speech. *Youth and Society,* v. 7, p. 227-258, 1976.

FERRAZ, M. M. P. *Leitura mediada na biblioteca escolar: uma experiência em escola pública.* 2008. Dissertação (Mestrado) – Escola de Comunicação e Arte da Universidade de São Paulo, São Paulo. 2008.

FLAVELL, J. H.; MILLER, P. H.; MILLER, A. S. *Desenvolvimento cognitivo.* Porto Alegre: Artmed, 1999.

FLEURY, M. G. Desvelando a criança que existe em seu aluno, algumas implicações para o fazer da professora pré-escolar. *Paidéia: Cadernos de Educação,* v. 8, n. 9, p. 9-15, 1995.

FONTES, M. J. O.; CARDOSO-MARTINS, C. Efeitos da leitura de histórias no desenvolvimento da linguagem de crianças de nível socioeconômico baixo. *Psicologia Reflexão e Crítica,* v. 17, n. 1, p. 83-94, 2004.

GARCEZ, L. H. C. A construção social da leitura. *Estudos de Literatura Brasileira Contemporânea,* v. 5, p. 5-7, 2000.

GOMES, V. L. T. A formação do psicólogo e os impasses entre a teoria e a prática. In: GUZZO, R. S. L. (Org.). *Psicologia escolar: LDB e educação hoje.* Campinas: Alínea, 1999.

KRÜGER, H. *Psicologia das crenças: perspectivas teóricas.* 1995. Tese (Concurso para Prof. Titular do Departamento de Psicologia Social e Institucional da UERJ) – UFRJ, Rio de Janeiro. 1995.

LAROCCA, P. *A Psicologia na formação docente.* Campinas: Alínea, 1999.

MACHADO, M. L. A. Educação infantil e sociointeracionismo. In: OLIVEIRA, Z. M. R. (Org.). *Educação infantil: muitos olhares.* São Paulo: Cortez, 1994.

MALUF, M. R.; DOMINGUES, S. F. S. Teoria da mente e linguagem: importância e contribuições dos estudos de intervenção. In: RODRIGUES, M. C.; SPERB, T. M. (Orgs.). *Contextos de desenvolvimento da linguagem.* São Paulo: Vetor, 2010.

MARCHIORI, I. C. *A concepção de tecnologia em professores e alunos do ensino fundamental.* 2001. Tese (Doutorado) – Pontifícia Universidade Católica de Campinas, Campinas. 2001.

MARTINEZ, A. M. La escuela: un espacio de promoción de salud. *Psicologia Escolar e Educacional,* v.1, n. 1, p. 19-24, 1996.

MEINS, E. et al. Mind-mindedness in children: individual differences in internal-state talk in middle childhood. *British Journal of Developmental Psychology,* v. 24, p. 181-196, 2006.

MELLA, E. R.; JORDAN, F. M. La lectura mediada de literatura infantil, su impacto en el reconocimiento facial de emociones. *Actas I Congreso Internacional de Literatura para Niños: Producción, Edición y Circulación,* ago. 2010.

MILLER, P. H.; ALOISE, P. A. Young children's understanding of the psychological causes of behavior: a review. *Child Development,* v. 60, p. 257–285, 1989.

PAIVA, M. L. M. F.; DEL PRETTE, Z. A. P. Crenças docentes e implicações para o processo de ensino-aprendizagem. *Psicologia Escolar e Educacional,* v. 13, n. 1, p. 75-85, 2009.

PANCIERA, S. D. P. *Linguagem e desenvolvimento da teoria da mente: um estudo com crianças de 3 a 5 anos.* 2007. Tese (Doutorado) – Pós-Graduação do Instituto de Psicologia da Universidade de São Paulo, São Paulo. 2007.

PIMENTEL, S. C. Mediação para compreensão leitora: uma estratégia didática. *Sitientibus*: Feira de Santana, v. 37, p. 151-171, 2007.

PIRES, L. G. *Evocação de termos mentais na leitura de diferentes livros de imagens: um estudo com pré-escolares.* 2010. Dissertação (Mestrado não publicada) – Universidade Federal de Juiz de Fora, Juiz de Fora, Minas Gerais. 2010.

RAHILLA, S. A.; TEGLASI, H. Processes and outcomes of story-based and skill-based social competency programs for children with emotional disabilities. *Journal of School Psychology,* v. 41, p. 413–429, 2003.

RODRIGUES, M. C. *Concepções docentes pré-escolares sobre teorias da mente e sociocognitiva aplicadas: histórias infantis.* 2004. Tese (Doutorado) – Pontifícia Universidade Católica, Campinas. 2004.

_____. Leitura de histórias e sua importância no desenvolvimento infantil. In: BARBOSA, A. J. G.; LOURENÇO, L. M.; MOTA, M. M. P. E. (Orgs.). Desenvolvimento psicossocial: temas em educação e saúde. Campinas: Alínea, 2008.

RODRIGUES, M. C.; ABREU C.; CARVALHO, C. G. Histórias infantis e prevenção da agressividade: um enfoque cognitivo. *Revista Brasileira de Extensão Universitária / Fórum de Pró-Reitorias de Extensão*, v. 3, n. 2, p. 62, 2005.

RODRIGUES, M. C. et al. Literatura infantil, teoria da mente e processamento de informação social. *Psicologia Escolar e Educacional*, Campinas, v. 11, n. 1, p. 77-88, 2007.

RODRIGUES, M. C.; PIRES, L. G. Teoria da Mente: linguagem e contextos de desenvolvimento infantil. In: RODRIGUES, M. C.; SPERB, T. M. (Orgs.). *Contextos de desenvolvimento da linguagem*. São Paulo: Vetor, 2010.

RODRIGUES, M. C.; RIBEIRO, N. N.; CUNHA, P. C. Evocação de termos mentais por pré-escolares: um estudo com narrativa por imagem. *Psicologia: Teoria e Prática*, v. 11, n. 1, p. 3-17, 2009.

RODRIGUES, M. C.; RUBAC, J. S. Histórias infantis: um recurso para a compreensão dos estados mentais. *Estudos em psicologia*, Natal, v. 13, n. 12, p. 31-37, 2008.

RODRIGUES, M. C.; TAVARES, A. L. Desenvolvimento sociocognitivo e histórias infantis: subsídios para a prática docente. *Revista Paidéia*, v. 19, n. 44, p. 323-331, 2009.

RUFFMAN, T.; SLADE, L.; CROWE, E. The relation between children's and mothers mental state language and theory-of-mind understanding. *Child Development*, v. 73, n. 3, p. 734-751, 2002.

SADALLA, A. M. F. A. *Com a palavra, a professora: suas crenças, suas ações*. Campinas: Alínea, 1998.

SADALLA, A. M. F. A. et al. Teorias implícitas na ação docente: contribuição teórica ao desenvolvimento do professor prático reflexivo. In: AZZI, R. G.; BATISTA, S. H. S. S.; SADALLA, A. M. F. A. (Orgs.). *Formação de professores: discutindo o ensino de Psicologia*. Campinas: Alínea, 2000.

SALVADOR, C. C. *Aprendizaje escolar y construcción del conocimiento*. Barcelona: Paidós Educador, 1990.

SILVA, L. S. P. *O brincar de faz-de-conta e a imaginação infantil: concepções e prática do professor*. 2003. Tese (Doutorado) – IP-USP, São Paulo. 2003.

SYMONS, D. K. Mental state discourse, theory of mind, and the internalization of self-other understanding. *Developmental Review*, v. 24, n. 2, p. 159-188, 2004.

SYMONS, D. K. et al. Theory of mind and mental state discourse during book reading and story-telling tasks. *British Journal of Developmental Psychology*, v. 23, p. 81-102, 2005.

SOUZA, D. H. Falando sobre a mente: algumas considerações sobre a relação entre linguagem e teoria da mente. *Psicologia: Reflexão e Crítica*, v. 19, n. 3, p. 387-394, 2006.

_____. De onde e para onde? As interfaces entre linguagem, teoria da mente e desenvolvimento social. In: SPERB, T. M.; MALUF, M. R. (Orgs.). *Desenvolvimento sociocognitivo: estudos brasileiros sobre "teoria da mente"*. São Paulo: Vetor, 2008.

SPINILLO, A.; LAUTERT, S. L. Pesquisa de intervenção em Psicologia do Desenvolvimento Cognitivo: reflexões e resultados. In: CASTRO, L. R.; BESSET, V. L. (Orgs.). *Pesquisa de intervenção na infância e adolescência*. Rio de Janeiro: NAU Editora, 2008.

TEGLASI, H.; ROTHMAN, L. Stories: A classroom-based program to reduce aggressive behavior. *Journal of School Psychology*, v. 39, n. 1, p. 71–94, 2001.

VALÉRIO, A. *A constituição da Teoria da Mente: estudo longitudinal sobre uso de termos mentais em situação lúdica e desempenho em tarefas de crença e crença falsa*. 2008. Tese (Doutorado) – Programa de Psicologia da Educação/PUC-SP, São Paulo. 2008.

VASCONCELLOS, S. J. L. et al. O processamento das informações sociais em crianças e adolescentes agressivos. *Estudos de psicologia*, v. 11, n. 3, p. 275-279, 2006.

VILLARDI, R. *Ensinando a gostar de ler e formando leitores para a vida inteira*. Rio de Janeiro: Dunya, 1999.

VYGOTSKY, L. S. (1929). *A formação social da mente*. Tradução de Jefferson L. Camargo. São Paulo: Martins Fontes, 1984. (Traduzido em língua inglesa em 1978.)

ZOHAR, A.; DEGANI, A.; VAAKNIN, E. Teachers' beliefs about low-achieving students and higher order thinking. *Teaching and Teacher Education*, v. 17, n. 4, p. 469-485, 2001.

WITTER, G. P. Psicólogo escolar no ensino superior e a Lei de Diretrizes e Bases. In: GUZZO, R. S. L. (Org.). *Psicologia Escolar: LDB e Educação hoje*. Campinas: Alínea, 1999.

WITTER, G. P.; RAMOS, O. A. Influência das cores na motivação para leitura das obras de literatura infantil. *Revista Semestral da Associação Brasileira de Psicologia Escolar e Educacional*, v. 12, n. 1, p. 37-50, 2008.

WHITEHURST, G. J. et al. Accelerating language development through picture book reading. *Developmental Psychology*, v. 24, p. 552-559, 1988.

2

A conformação da violência escolar: as expressões da "dupla hierarquia" no recreio

Ricardo Casco

A escola pode ser compreendida como uma instituição burocrática (Weber, 2002), segundo a qual as regras que norteiam as condutas dos atores sociais nela envolvidos se caracterizam por configurarem processos de despersonalização, massificação e homogeneização. Não se dedica somente à transmissão dos saberes que compreendem os diversos campos do conhecimento, mas, fundamentalmente, constitui relações de ensino e de aprendizagem de formas de relações de poder de diferentes ordens: relações de poder entre professor e aluno; relações de poder entre alunos e relações de poder de ordem socioeconômica. Segundo Vincent, Lahire e Thin (2001), a escola promove a pedagogização das relações sociais de aprendizagem. Tais relações estão associadas a saberes objetivados que dizem respeito tanto ao que é ensinado como a maneira de se ensinar. Segundo os autores:

> [...] a forma escolar de relações sociais só se capta completamente no âmbito de uma configuração social de conjunto e, particularmente, na ligação com a transformação das formas de poder. Como modo de socialização específico, isto é, como espaço onde se estabelecem formas específicas de relações sociais, ao mesmo tempo em que transmite saberes e conhecimentos, a escola está fundamentalmente ligada a formas de exercícios do poder. Isto é verdadeiro não só em relação à escola: qualquer forma de relações sociais implica ao mesmo tempo na apropriação de saberes (constituídos ou não como tais, isto é, como saberes objetivados, explícitos, sistematizados, codificados) e na "aprendizagem" de relações de poder (p. 17-18).

Os modos de transmissão dos saberes escolares delimitam, para alguns indivíduos, o comando e, para outros, a submissão; papéis esses que expressam a racionalidade operante na vida administrada. Tal racionalidade compreende uma forma sistemática de pensar fenômenos sociais (a política, a economia, a saúde, a educação, a sexualidade). Segundo Crochik (1998):

> [...] o efeito da racionalidade tecnológica é expresso também no pensamento, só permitido através da operacionalização de conceitos, que reduz diversas possibilidades de ser da realidade a uma só: a realidade imediata. A operacionalização de conceitos,

necessária à delimitação dos objetos de estudo nas ciências naturais, passa a ser uma forma de entendimento de toda a realidade (p. 46).

Em tal configuração, o pensamento opera segundo a lógica da apreensão de blocos de representação, a realidade é reduzida ao que é imediato. Se a racionalidade, ao longo da história da relação do homem com a natureza, se fez necessária para a autoconservação, com a crescente racionalização dos meios de produção e o desenvolvimento tecnológico, a mesma racionalidade, que outrora libertou o homem de sua fragilidade ante a natureza ameaçadora, volta-se contra ele sob a forma ideológica da dominação, a qual acaba por invadir todas as esferas da produção econômica e determina as formas em que se desenvolvem as relações sociais entre os homens.

Adorno (1973) comenta que "numa sociedade coisificada nada que não tenha sido por sua vez coisificado pode sobreviver" (p. 17, tradução nossa). O resultado do próprio desenvolvimento do modo de produção, em seu esforço de organizar, classificar e ordenar as relações de produção, acabou por invadir todas as esferas das relações humanas. A redução do pensamento ao que é imediato corrobora o princípio de otimização dos recursos que imprimem a dominação e a permanência do espírito humano num estágio de menoridade. Quanto maior a padronização e a redução da realidade a um conjunto de fatos isolados, maior a dominação infringida ao homem e menor a possibilidade de reflexão.

O pensamento coisificado, denunciado por Adorno, não se apresenta apenas como produto do próprio processo de desenvolvimento do sistema de produção no capitalismo, ocorrido no século XIX, mas também como redução metodológica do real que se manifesta em diferentes âmbitos da vida social, como a educação. Para Crochik (1998),

> [...] a escola também é racionalizada nesse movimento. De um lado a diversificação do mercado, acarretada pela necessidade de expansão do capital aliada à modernização tecnológica, necessita de mão de obra cada vez mais especializada e, ao atribuir à escola esta função, aproxima-a do mercado, assemelhando-a ao mundo de produção da fábrica (p. 69).

A formação converte-se em semiformação: a formação que poderia levar os indivíduos a refletir sobre a ordem social injusta e lutar pela liberdade sucumbe a processos adaptativos. A reflexão necessária para o fortalecimento do pensamento crítico, que resiste à falsa identidade do particular com a totalidade, é embotada. A crítica é afastada, o pensamento obscurecido. Crochik (1998) mostra que o próprio desenvolvimento dos sistemas de ensino se organiza com vistas ao inculcamento dos valores adaptativos à medida que, ao buscar a uniformização, ao enfatizar a ideologia de harmonia social, lança mão de conteúdos "massificados" e "massificantes", favorecendo o desenvolvimento de uma "indústria do ensino" que, ao assemelhar-se à indústria cultural, carrega consigo elementos que negam o desenvolvimento da consciência crítica.

Ao reduzir a possibilidade de formação à transmissão de conteúdos adaptativos, que levam ao conformismo social, tais como os procedimentos desenvolvidos pela indústria cultural, os sistemas de ensino fortalecem a ideologia, utilizando-se dos meios de comunicação de massa, padronizando a cultura e convertendo seus objetivos em mera mercadoria, anulando as contradições presentes no sistema social em prol do desenvolvimento harmônico do conjunto social. Os sistemas educacionais favorecem as outras funções da escola que contribuem para o ocultamento do conflito de classes sociais, ou seja, da contradição social. "Essa contradição é negada tanto pela forma de transmissão do conteúdo quanto pelo próprio conteúdo transmitido" (Crochik, 1998, p. 80).

Ao negar as contradições sociais presentes nos conteúdos ensinados, entendendo-os como neutros e sem relação com o todo social, os sistemas educacionais operam a redução do pensamento humano, na mesma ordem em que o desenvolvimento e o alcance hegemônico dos métodos de investigação nas ciências naturais reduzem a possibilidade da experiência humana na relação sujeito/objeto. A redução do pensamento à mera assimilação do que aparece como imediato denota a queda da faculdade de conceber e intercambiar experiências. Desta forma, a formação do indivíduo sofre uma regressão, pois este perde a possibilidade de se constituir de forma autônoma e crítica: a formação se constitui de maneira heterônomica, já que é enfraquecida a possibilidade de autogovernar-se. Nesse cenário, também a organização social sucumbe aos processos regressivos, enaltecendo e fortalecendo formas de dominação que se perpetuam em seus objetos culturais, mantendo os indivíduos em permanente estado de opressão.

No entanto, a organização social que fomenta a adesão irracional à sua manutenção, inculca o medo e fortalece as relações que tomam por base apenas os interesses voltados para a autopreservação, diante do desenvolvimento tecnológico e da riqueza acumulada, já teria condições de ser superada. Para Horkheimer e Adorno (1985), os mecanismos adaptativos, constituídos pela organização social vigente, levam o indivíduo à submissão cega e irrefletida e a identificar-se com os ideais de consumo padronizados e veiculados pelos meios de comunicação de massa. Nessa situação, o indivíduo desenvolve uma forma de pensar e sentir compatíveis com aquela racionalidade mobilizada no processo do trabalho alienado. Para os autores, "a racionalidade técnica converte-se na racionalidade da própria dominação. Ela é o caráter compulsivo da sociedade alienada de si mesma" (p. 114).

A consciência coisificada é a base do autoritarismo e se funda no fetiche da mercadoria, própria ao desígnios da indústria cultural. A indústria cultural constitui a melhor expressão da pseudoformação. Ao promover uma falsa reconciliação entre o particular e o universal, universaliza uma falsa realidade, levando os homens à realização de uma felicidade ilusória. Para Horkheimer e Adorno (1985),

> [...] a indústria cultural promove a mecanização da produção dos bens culturais, [...] a mecanização atingiu tal poderio sobre a pessoa em seu lazer e sobre a sua felicidade, ela determina tão profundamente a fabricação das mercadorias destinadas à diversão, que as pessoas não podem mais perceber outra coisa senão as cópias que reproduzem o próprio processo de trabalho (p. 129).

A indústria cultural confere aos bens de consumo um ar de semelhança. Esses objetos são concebidos como reflexo dos anseios individuais, deformados pelo modo de produção do sistema vigente. Ela invade todas as áreas de realização pessoal e promove satisfações substitutivas àquelas reprimidas pelo ordenamento social: fornece modelos identificatórios que expressam o sucesso material, a potência sexual, a harmonia com a organização social tomada como não contraditória. O narcisismo coletivo, fomentado pelos objetos culturais fetichizados, corrobora o desenvolvimento de um sentimento de pertencimento ao todo social coeso e não contraditório. Tal mecanismo funciona como compensação para a consciência diante da sua própria impotência social: "consciência que penetra até em suas constelações instintivas individuais" (Adorno, 1971, p. 166, tradução nossa).

Para Horkheimer e Adorno (1985), o mecanismo que fomenta prestígio aos indivíduos pretensamente bem formados pela pseudocultura é o narcisismo coletivo. Ele representa uma das bases do fascismo e um dos fundamentos no qual se apoia a lógica da indústria cultural, que corrobora para o desenvolvimento de condições subjetivas acabando por perpetuar a cultura cega que se volta para a barbárie.

Tal racionalidade é constitutiva das práticas institucionais escolares e se expressa como exercício de poder e pela naturalização de hierarquias. As práticas institucionais, as experiências nelas circunscritas, constituem hierarquias sociais nas quais o princípio da dominação compreende um de seus fundamentos. A prevalência da racionalidade tecnológica na vida social, particularmente, na escola, entre outras variáveis, foi pensada por Adorno (1995) como uma das expressões do fracasso do processo educacional. Segundo o autor, esse fracasso é atestado pela formação de uma dupla hierarquia: a "oficial", relativa às performances de caráter intelectual, objetivada pelos sistemas de avaliação de desempenho, e a hierarquia "não oficial", relativa a atributos corporais, como a força, a habilidade e a virilidade.

Segundo essa racionalidade, na escola, manifestações, como exercício malfeito, a nota baixa, o trabalho mal elaborado, a descoordenação motora, o tropeço na hora do gol, o linguajar mal estruturado, as dificuldades de aprendizagem, são expressões frequentemente associadas a imagens de quem já sofreu as mutilações, as quais todos devem evitar. Aqueles alunos que apresentam essas manifestações são frequentemente utilizados como modelos negativos, sobre os quais se projetam atitudes de desprezo e humilhação.

As ações violentas contra os mais frágeis são recorrentes na escola e compreendem uma das expressões da falência da própria cultura. Não deixa de ser impactante pensar que, na escola, instituição que poderia constituir-se como o *locus* privilegiado para a educação, para a solidariedade e para a formação de indivíduos sensíveis, as ações violentas contra os mais frágeis sejam tão corriqueiras. Tal fato implica constatar que a escola não parece preparar os indivíduos para a refutação da barbárie. Pelo contrário, aparentemente, segundo os dados apresentados, as práticas pedagógicas concernentes ao ambiente escolar parecem não apenas ser incapazes de constituir um clima cultural favorável às expressões de respeito mútuo e identificação com o semelhante, como também parecem constituir a negação de sua possibilidade. As ações de violência contra os mais frágeis fomentam hierarquias e a emergência de indivíduos propensos a dar vazão irrefreada a figuras de irracionalidade, próprias de sociedades totalitárias. Adorno (1993), ao rememorar os seus dias de infância na escola, pôde antever, nas expressões de sadismo infringido por seus camaradas, os prenúncios da barbárie:

> A rigor eu deveria ser capaz de derivar o fascismo das lembranças de minha infância. Como faz um conquistador em relação a províncias longínquas, o fascismo enviara seus emissários muito antes de fazer sua entrada: meus camaradas de escola (p. 168).

As ações de violência contra os mais frágeis remetem à falência da cultura. A cultura escolar não parece ser uma exceção, já que são recorrentemente observadas no próprio seio do cotidiano das instituições escolares. Se as ações violentas são tão comuns na escola, não há como adjudicar somente aos alunos as razões de tal situação. Ainda que a falência da cultura seja uma realidade que ultrapassa os domínios das instituições escolares, não devemos deixar de pensar sobre quais são os fatores constitutivos imanentes à própria lógica institucional educacional que resultam em expressões de violência entre os alunos.

Elementos constitutivos da *"hierarquia não oficial"*

A valoração dos indivíduos segundo seu desempenho corporal, sua força muscular ou sua habilidade motora parece corresponder, na esfera das relações sociais, ao mesmo processo de despersonalização operado pelo processo do trabalho que destitui do indivíduo aqueles atributos que poderiam conferir-lhe, ainda, algum traço de humanidade. O indivíduo ao ser reduzido pelo sistema produtivo, em potencial reprodutivo da força de trabalho e no sistema educacional, nas aulas de

Educação Física, à sua capacidade de produzir desempenhos corporais, sucumbe aos processos adaptativos regressivos.

O apreço ao corpo performático na vida social corresponde à redução do indivíduo aos potenciais exigidos para a promoção da coesão social. Os ideais corporais fomentados, principalmente, pelos modelos estereotipados promovidos pela indústria cultural, dentre eles o modelo esportivo, impelem o indivíduo para a adequação inconteste à realidade social. Esta, por sua vez, confere importância à corporeidade, dotando-a de valor de troca no sistema produtivo. Nesses termos, a hierarquização que toma como base atributos e valores corporais, como a força muscular, a coordenação motora, a virilidade e o recorde, fomentada na maior parte dos estabelecimentos escolares, deve ser criticada, se desejamos fortalecer uma educação que estirpe de seu horizonte a frieza, a violência e o medo.

No que se refere ao conteúdo desenvolvido nas aulas de Educação Física, nas escolas públicas do Estado de São Paulo, Daolio (1995) chama a atenção para o fato de que muitos professores priorizam o ensino de modalidades esportivas em suas aulas por considerarem o esporte como um elemento importante que se destaca das expressões simbólicas da cultura corporal na organização social vigente: "[...] é interessante observar que todos os professores entrevistados relatam a formação esportiva e reproduzem esse modelo nas suas aulas. [...] Todo o planejamento é voltado para o esporte" (p. 65).

Se o esporte representa ainda, em larga escala, um dos principais objetos de ensino da Educação Física escolar, tal fato parece suscitar sua adesão a determinados sistemas de valores e crenças peculiares. Tais elementos são mobilizados e estruturados sob a forma de práticas pedagógicas específicas que são referendadas pela instituição escolar e naturalizadas como valores positivos para a organização social.

Tome-se, como exemplo, a classificação e a hierarquização dos alunos segundo o seu grau de habilidade motora. Esses procedimentos são comumente utilizados quanto maior a aproximação das aulas com o ideário esportivo e fazem parte da orientação formulada pelos Parâmetros Curriculares Nacionais (PCN) para a Educação Física no Ensino Fundamental. A seguinte passagem (Brasil, 1997) deixa claro ao sugerir:

> Por exemplo, ao se organizar uma aula em que o conteúdo gire em torno do voleibol, pode-se dividir a classe em três grupos, tendo como critério o grau de habilidade dos alunos. Um grupo com os mais hábeis, outro com os médios e outro com os menos hábeis [...]. Numa aula posterior com a mesma classe, o professor pode dividir o grupo, usando os mais hábeis como "cabeça de chave", distribuindo-os em três grandes grupos (p. 82).

Os significados que tais procedimentos assumem na organização social, e principalmente para aqueles que estão entre os frequentemente escolhidos como menos hábeis, ou para aqueles que nem um dia sequer puderam ser o "cabeça de chave" da equipe, não são refletidos nas proposições feitas para os professores pelos PCN em Educação Física para o Ensino Fundamental. A naturalização das atitudes discriminatórias de tais procedimentos e o papel que o professor assume como seu mediador não são avaliados. É importante destacar que, para Adorno (1995), a violência, no contexto da cultura opressiva, constitui o signo da inculcação no indivíduo da alienação social e, na escola, "o agente dessa alienação é a autoridade do professor" (Adorno, 1995, p. 112). A formação de grupos, segundo o nível de habilidade, já havia sido problematizada em trabalhos anteriores, como os de Vago (1999) e Daolio (1995). Essa formação parece ser determinada pela maior proximidade dos conteúdos constituídos nas aulas de Educação Física escolar à aquisição de gestos esportivos.

Se a hierarquia "não oficial" toma como base a habilidade corporal e apoia-se no modelo esportivo, tais ideários remetem-se à figura do campeão esportivo, a elite dos corpos treinados. Esse ideário já havia sido claramente delineado pelo seu mais famoso reformador, Pierre de Coubertin (apud Brohm, 1992), segundo o qual,

> Para que cem possam se consagrar à cultura física, é preciso que cinquenta pratiquem esporte. Para que cinquenta possam praticar esporte, é preciso que vinte se especializem (em competição). A fim de que vinte se especializem, é preciso que cinco sejam capazes de performances espantosas (p. 92).

Para Brohm (1992), o esporte é a "poesia corporal da hierarquia" (p. 93), fundamentando-se na hierarquização de performances que são comparáveis à luz de medidas objetivas, estruturadas sob o modelo competitivo. A pedagogia esportiva apoia-se numa pirâmide de conquistas corporais que objetivam, em última análise, a descoberta e o desenvolvimento do talento esportivo, aquele que poderá se tornar capaz de performances extraordinárias.

A hierarquia promovida pelo modelo esportivo diz respeito não apenas à divisão entre grupos mais ou menos habilidosos corporalmente. A imagem do garoto pobre que conseguiu se promover socialmente, em virtude de seu talento esportivo, é amplamente divulgada com o intuito de incentivar a prática esportiva. O modelo esportivo fomenta a promoção individual, conferindo à estrutura social certa mobilidade, entre as classes, ao eleger o talento e o esforço individuais como chaves para a escalada social, constituindo uma espécie de hierarquia paralela, em comparação ao mundo do trabalho do homem comum.

A figura do campeão é a referência absoluta que encarna o ideal esportivo, sendo o próprio motor do desenvolvimento da técnica esportiva. Apoiado sob um sistema objetivo de medidas e treinamentos estandardizados, a figura do campeão define uma imagem do corpo sobre a qual se edificam as identificações da massa. Para Laguillaumie (1996), o esporte, como fator de socialização e educação, constitui o mesmo papel que a família e a religião, na estruturação das pulsões do ego e, sobretudo, na estruturação do superego. Brohm (1992) já havia problematizado a importância conferida à imagem do corpo para a estruturação das identificações fornecidas pela *mass media*. O autor assinala que "a sociedade se interioriza, se incrusta nas emoções e movimentos dos indivíduos. Com efeito, pela modificação da consciência do eu muscular que opera a influência da sociedade sobre o indivíduo" (p. 262).

Incorporando análises feitas por Stoezel (apud Brohm, 1992), Brohm (1992) compartilha a afirmação de que "a imagem do corpo é uma construção social, tendo uma consequência política importante: a imbricação estrutural entre o corpo-organismo e o corpo social concebido sobre um modelo" (p. 262). O autor cita Marcuse, em *Eros e civilização,* quando este afirma que "a materialização corporal do superego é acompanhada da materialização corporal do ego que se manifesta por traços e gestos estereotipados[1][...]" (p. 262), para afirmar o esporte como produto cultural característico da sociedade industrial. O campeão esportivo confere modelos normatizadores apoiando-se na fragilidade do ego[2], fruto de crise profunda das estruturas tradicionais, que, até então, constituíam normas de identificação como a família.

Crochik (2000) comenta:

A indústria cultural tenta repor o sentido da vida retirado pela sociedade industrial, exaltando o indivíduo forte e vencedor, que tem o sentido da vida ilusoriamente recuperado justamente na vitória sobre as injustiças que lhe são perpetradas. A ideia que transmite não é a de uma sociedade injusta, mas a de que a injustiça é gerada por homens deformados, que, em geral, são apresentados como irrecuperáveis. A esses homens se contrapõe o vencedor. O ídolo do esporte, o ídolo da música e o ídolo da novela, apesar da particularidade do seu ofício, apresentam a imagem do homem bem-sucedido, que por seu esforço venceu na vida [...] (p. 39).

As transformações dos modelos de identificação fornecem a base estrutural para o fortalecimento do ideal esportivo, concretizado na figura do campeão como substitutivo ao ideal do ego outrora ocupado pela figura paterna. Para Brohm (1992), a identificação não é mais personalizada e mediatizada pela figura paterna, mas por figuras coletivas de autoridade e eficácia fornecidas pela indústria cultural.

---

1 A respeito do refúgio em estereótipos, Lapierre e Aucouturier (1988) comentam: "reproduzir uma atividade aprendida é tranquilizante. Sabe-se para onde se vai, não se revela nada de essencial. Se se trata de uma bola, por exemplo, os rapazes reproduzem os gestos do futebol, do basquete, do vôlei; as moças 'jogam bola'" (p. 18-19). Para os autores, o jogo estereotipado permite "mascarar", fugir do incômodo de uma relação autêntica (p. 18).

2 Para Crochik (1993): "No passado, a constituição da subjetividade preservava a mediação entre os desejos e proibições; no presente, a formação do Ego é frágil, devido à escassez de modelos fortes para a identificação, substituídos por diversos modelos, cujos contatos com a criança são, em geral, rápidos e superficiais, quando não indiretos (através da televisão, por exemplo). Com o Ego enfraquecido perde-se parte da mediação entre o indivíduo e a cultura, perdendo-se também a possibilidade do confronto entre eles, que permite a diferenciação individual" (p. 344). Verificar também, a esse respeito, o texto de Adorno (1995a).

A esse respeito, Crochik (2000) assinala que

> o corpo modelado à imagem do ídolo nega o tempo e o espaço necessários para a constituição do indivíduo. Não que os modelos não sejam necessários para a individuação, mas eles têm que ser reais, caso contrário, o afeto se vincula à aparência, e a negação do modelo, que não é menos necessária para a constituição individual, não ocorre. Em outras palavras, se o pai é o modelo de identificação e é idealizado, o contato com ele, ou seja, a experiência, permite combater a idealização, já a identificação com modelos fabricados só os afirma; o objeto idealizado que não permite a experiência sobrevive somente como ideal. Além disso, a identificação com homens reais permite extrair peculiaridades de cada modelo que se diferencia dos demais; a identificação com os homens fabricados, devido à sua similaridade, fortalece a repetição do mesmo (p. 40).

A indústria cultural, ao promover o ideal heroico do campeão esportivo, apoia-se na fragilidade do ego, suscitada pelo próprio desenvolvimento das forças produtivas que afastam dos homens a possibilidade de intercambiar experiências verdadeiras. A figura do herói substitui a figura paterna, como aquela anteriormente responsável por oferecer os modelos reais de identificação. Ao constituir, pela *mass media,* modelos idealizados e distantes da vida real, a indústria cultural acaba por conceber modelos aos quais os indivíduos não podem se contrapor devido à falta de proximidade real, o que poderia levar à superação do próprio ideal, possibilitando aos indivíduos se diferenciarem, e não apenas reproduzirem sempre o mesmo.

O fomento ao desenvolvimento do corpo performático, como analisado, influi de forma importante nas relações sociais que se constituem na sociedade e, particularmente, na escola.

Elementos constitutivos da *"hierarquia oficial"*

Os sistemas de avaliação, as notas e as classificações compreendem os dispositivos estruturantes da hierarquia oficial. Para Filloux (1996):

> Tais operações contribuem com a função da organização do trabalho, asseguram o fim essencial do ensino, porque fazem do professor o questionador e do aluno o respondedor. Podemos considerar a hipótese que é por meio da avaliação que se exprime a violência fundamental de dominação – submissão instituída pela intervenção do saber (p. 67).

Nas aulas, nem sempre o professor está preocupado apenas com as aquisições intelectuais: garantir o controle da classe tende a ser uma ação que ultrapassa as preocupações relativas à aprendizagem de conteúdos escolares. A preparação para a realidade se concretiza em detrimento do processo formativo, o qual, contrariamente ao projeto do esclarecimento – que deveria capacitar os indivíduos para a autonomia e para a liberdade –, sucumbe mediante os constantes processos de exclusão e diferenciação entre os indivíduos na relação pedagógica.

Jackson (1990) assinala a importância relegada ao professor no que diz respeito à formação do indivíduo para a adaptação social. Para o autor:

> Os hábitos de obediência e docilidade produzidos nas salas de aula possuem um valor muito estimado em outros ambientes. No que se refere à estrutura de poder, as aulas não são demasiado diferentes de fábricas ou oficinas, essas onipresentes organizações nas quais transcorre grande parte de nossa vida de adultos. Assim poderia se dizer da escola que é uma preparação para a vida [...]. Pode ser que se abuse do poder na escola como em outros lugares, mas é um fato vital que devemos nos adaptar. O processo de adaptação começa durante os primeiros anos de vida, mas para a maioria de nós se acelera no dia em que ingressamos na escola infantil (p. 73, tradução nossa).

A docilidade e a obediência são atributos importantes para a adaptação à vida social. A docilidade pode ser a expressão de respeito e identificação com outro, ou a expressão da impotência e da servidão. A obediência tem um papel importante na consolidação de normas que regram o convívio humano, porém é necessária a formação da consciência crítica que possa pensar se essas normas refletem os interesses humanos ou são contrárias à vida. A adaptação às normas sociais que encontram no professor a imagem do ideal não é sempre avaliada como positiva pelos alunos. A obediência às normas exigidas pelas instituições escolares implica um grau elevado de renúncia de desejos, que devem ser abandonados em prol dos interesses de controle de comportamentos considerados inadequados, que atrapalhariam o bom desenvolvimento do trabalho escolar e a convivência social.

Os professores parecem ser particularmente sensíveis aos signos de inadaptação dos alunos. Traços que expressam certo abandono corporal (má postura na cadeira, por exemplo), desinteresse pelas atividades nas aulas (quando um aluno é flagrado olhando pela janela, em vez de prestar atenção no professor) ou, ainda, traços de falta de disciplina (como, por exemplo, letra malfeita, cadernos mal preservados) são signos que evocam a natureza não completamente dominada, que cumpre ao professor oprimir e regrar. Contudo, como observa Adorno (1995), a natureza negada retorna nas ações "descontroladas" do professor, quando ralha, grita e constrange seus alunos, ao usar expressões de violência irrefletida. Por meio de elogios e depreciações, o professor conduz o espírito para manter-se atento ao caminho que deve ser percorrido ou refutado. Para Adorno (1993): "Quem assume a tarefa de avaliar aptidões enxerga os avaliados, por uma necessidade quase tecnológica, como integrados, cúmplices ou vítimas" (p. 115).

A exigência de obediência às prescrições normativas pode prescindir da palavra. Por vezes, essa exigência é expressa por sinais não verbais, principalmente por meio de olhares recriminatórios que os professores lançam em direção ao aluno faltoso. O olhar repreensor do professor paralisa. Segundo Filloux (1996), a essência da obediência "permanece puro mistério para o professor, cuja sua presença, somente seu olhar, é suficiente para fazer com que os alunos retornem às normas de comportamento" (p. 119, tradução nossa). A autora lembra que o olhar é um dos atributos da representação clássica da autoridade carismática. O líder carismático é capaz de fazer calar o grupo com o olhar que parece anteceder a morte. Filloux (1996) considera que, assim como o da autoridade carismática, o olhar colocado em cena na relação pedagógica pelo professor cumpre uma função hipnótica:

> Se o professor assegura o domínio pedagógico sobre seus alunos por meio da potência de seu olhar, no final das contas, por meio de uma relação de hipnose, não é necessário que os mesmos sejam conscientes disso; o artifício consiste então em ocultar a realidade desse domínio, que é o poder direto "sobre", naturalizando-o (p. 121).

A força do olhar remete à submissão hipnótica, à naturalização da autoridade. Seu prestígio advém de um poder objetivado que tanto os alunos quanto o professor não têm, necessariamente, consciência de sua origem. A obediência ao líder apoia-se na obscuridade de sua força. Segundo Freud (1974):

> Na hipnose há, ainda, em efeito, muita parte incompreendida e de caráter místico. Uma das particularidades consiste em uma espécie de paralisia resultante de uma influência exercida por uma pessoa onipotente sobre um sujeito impotente e sem defesa, particularidade que nos aproxima à hipnose provocada nos animais pelo terror (p. 52-53, tradução nossa).

O olhar penetrante do professor parece cumprir uma dupla determinação: paralisa de imediato o desviante e suscita, nos demais alunos do grupo, o terror de se tornarem a próxima presa. Horkheimer e Adorno (1985) consideram que o "olhar penetrante e o olhar que ignora, o olhar hipnótico e o olhar indiferente, são da mesma natureza: ambos extinguem o sujeito. Porque a esses olhares falta a reflexão, os irrefletidos deixam-se eletrizar por eles" (p. 178). Quando focaliza o aluno desviante, o olhar do professor parece autorizar uma reação mimética nos demais alunos do grupo. As vaias dos colegas e o peso de seu olhar paralisante recaem sobre o aluno faltoso que se encontra sem defesa frente à onipotência da pressão coletiva. São ações irrefletidas que ilustram algumas das formas como se dão as exigências de compromisso que amalgamam e dão sentido às relações sociais, próprias de culturas opressoras. Quando destaca um bom feito, um bom trabalho ou uma boa nota nas avaliações, o professor faz questão de nomear suas qualidades e apontar o responsável pela façanha. O semblante do escolhido pode ganhar uma aura de notabilidade, pode tornar-se um ideal a ser contemplado, almejado. O reforço ao seu valor individual, efetuado pela autoridade professoral, mostra bem quem está do lado do poder e pode desfrutar seus privilégios. Algo distinto acontece com os indivíduos pressionados por portar sinais que expressam sua má adaptação: eles devem ser rechaçados. Segundo Horkheimer e Adorno (1985),

O preço que os homens pagam pelo aumento de seu poder é alienação daquilo sobre o que exercem o poder. O esclarecimento comporta-se com as coisas como o ditador se comporta com os homens. Este conhece-os na medida em que pode manipulá-los (p. 24).

É de fundamental importância, para a compreensão do estatuto conferido ao conhecimento na escola, o trabalho realizado por Sampaio (1998). Por meio da análise dos "documentos referentes a recursos impetrados por alunos (ou seus pais) que questionam sua reprovação ao final do ano letivo" (Sampaio, 1998, p. 28), a autora pôde descortinar a lógica do desenvolvimento do currículo e sua relação com o fracasso escolar.

As críticas feitas pela autora sobre a organização curricular recaem, entre outros aspectos analisados, sobre uma espécie de dissociação entre o ensino e a aprendizagem, e considera esse "um fator de peso para que se entenda a realidade do currículo em ação" (Sampaio, 1998, p. 97). A autora observa que a organização curricular calcada em disciplinas que pouco se voltam para a compreensão da realidade social, em conhecimentos previamente selecionados, compartimentados, sequenciados numa escala ascendente, pouco diz respeito às características e às necessidades reais dos educandos. Segundo a autora:

O valor instrumental das disciplinas […] fica circunscrito […] ao trabalho com as próprias disciplinas e à sua sequência […], dentro de um mesmo formato de ensino, baseado em exposição e exercitação, que prevalece em todas elas. Assim, as disciplinas principais, português e matemática, com proposta tradicional e bem definida de conteúdos, são apresentadas como básicas para o ensino das demais, preservando, especialmente em Matemática, o modelo de ensino que organiza todo o currículo (p. 64).

A própria distribuição das diversas disciplinas indica quais as que têm maior peso na organização da grade curricular. Para a autora, o treino para a fixação e a memorização das regras e noções, próprias às disciplinas escolares, não garante, necessariamente, o sucesso da aprendizagem dos alunos. A lógica interna da estrutura curricular, segundo a qual a fixação de pré-requisitos a serem atingidos pelos alunos nas diversas disciplinas, geralmente relativos à "marcha natural" do desenvolvimento cognitivo, baliza as avaliações realizadas que, por fim, indicam a retenção ou a aprovação dos alunos para as etapas subsequentes de escolarização previstas no sistema de ensino. Sampaio (1998) observa uma espécie de dissociação entre o ensino e a aprendizagem, já que "o ensino, como atividade do professor voltada ao cumprimento do programa da série, pode transcorrer independentemente do processo e dos resultados da aprendizagem" (p. 97). Segundo a autora, os professores parecem estar mais preocupados em dar sequência à marcha ininterrupta dos conteúdos previstos para cada disciplina do que estarem preparados para lidar com as dificuldades de aprendizagem de seus alunos.

A ênfase dada à cópia dos conteúdos, postos na lousa, na maioria das aulas, é marca indelével da valorização da atividade do professor e do ensino – o professor seleciona, organiza, enfatiza os saberes necessários para a formação –, assim como da necessidade do cumprimento da apresentação sequencial dos conteúdos da série, em detrimento da valorização das práticas de apropriação do conhecimento por parte dos alunos. Os problemas de aprendizagem não dizem respeito ao professor. Se o aluno não consegue atingir os objetivos previstos, se não consegue aprender por meio dos dispositivos colocados em cena durante as aulas, como o treino e os exercícios para a fixação dos conteúdos, deve procurar sanar suas deficiências com o auxílio de familiares, em casa.

Mesmo que as práticas pedagógicas colocadas em cena na sala de aula pelo professor sejam alicerçadas em diretrizes e normas oficiais que regram seu trabalho, no cotidiano escolar, o professor não deixa de ter alguma margem de autonomia para a organização dos conhecimentos e das estratégias de ensino. No entanto, não é desprezível a força com que os constrangimentos auferidos pela racionalidade que organiza a instituição burocrática afetam a vida escolar dos alunos, assim como a dos professores.

Em relação às estratégias mobilizadas pelos professores, ainda cabe refletir sobre a ênfase dada ao ensino e não à aprendizagem. Frequentemente, os professores procuram apresentar os conteúdos, sem se preocuparem com o conhecimento prévio dos alunos ou em sensibilizá-los primeiro para os saberes que pretendiam que fossem adquiridos. Nesta direção, Sampaio (1998) indica:

> Os conceitos são expostos, explicados para que o aluno entenda, supondo que a apresentação tenha importância central para garantir a aprendizagem. A apropriação deverá ocorrer durante a exercitação, por repetição, memorização e mecanização; então, a aprendizagem se explicaria por adestramento e o treino é o que tornaria possível reter os conteúdos e adquirir hábitos de estudo e atenção (p. 84).

Impera uma certa apologia ao existente, o culto aos fatos. Os alunos devem apenas se apropriar de modo mecânico dos conteúdos veiculados, sem que sejam fornecidos elementos para que a apropriação dos conhecimentos ocorra de forma viva. Enfim, os alunos não são levados a compreender os conteúdos colocados em cena na sala de aula, a se apropriarem deles. A própria organização do tempo da sala de aula, na qual o exercício da cópia ocupa sua maior porção, em detrimento das discussões ou da produção de textos por parte dos alunos, é indicativo da cisão entre o ensino e a aprendizagem. A aquisição do conhecimento se daria mediante o treino de capacidades, tais como a memória, o treino motor, a atenção, a observação e determinadas formas de raciocínio. Segundo Sampaio (1998): "algumas disciplinas, como a Matemática, teriam maior importância do que as outras por sua suposta maior potencialidade para desenvolver o raciocínio" (p. 85).

O modelo de organização curricular, inspirado nas Ciências Naturais, expressa elementos próprios ao desenvolvimento da racionalidade tecnológica, imanente à crescente racionalização dos meios de produção fundada no desenvolvimento tecnológico no saber científico[3]. A racionalidade do mundo da produção econômica se torna imanente às formas pelas quais se desenvolvem as relações sociais entre os homens e o entendimento da realidade. O pensamento formal, apropriado para a melhor eficácia do aparato produtivo, impele a esfera das relações humanas para a adaptabilidade, passando a reger a própria maneira como a realidade deve ser apreendida. Quanto maior a padronização e a redução da realidade a um conjunto de fatos isolados, maior a dominação infringida ao homem e menor a possibilidade de reflexão. Os conhecimentos são tomados isoladamente como domínios específicos das disciplinas escolares, e não como conhecimentos relativos à realidade dos alunos. Adorno (1995) considera que a formação cultural "é justamente aquilo para o que não existem à disposição hábitos adequados; ela só pode ser adquirida mediante esforço espontâneo e interesse [...]" (p. 64). Assim, os professores interessados na formação cultural deveriam ser capazes de expressar uma "disposição aberta", capazes de "se abrir a elementos do espírito, apropriando-os de modo produtivo na consciência, em vez de se ocupar com os mesmos unicamente para aprender, conforme prescreve um *cliché* insuportável" (ibidem).

Adorno (1995) considera que os professores que apresentam deficiências a esse respeito deveriam abdicar da profissão de ensinar, pois, por meio do seu exercício profissional, destituído da capacidade de reflexão, poderiam perpetuar "na escola aquele sofrimento que os poetas denunciavam", além de eternizar, nos alunos, a mesma deficiência na sua formação intelectual, responsável, também, pelas atrocidades cometidas durante o nazismo.

Os sistemas educacionais, dessa maneira, acabam por favorecer o próprio ocultamento dos conflitos entre as classes sociais, "a contradição é negada tanto pela forma de transmissão do conteúdo quanto pelo próprio conteúdo transmitido" (Adorno, 1995, p. 80). Ao negar as contradições sociais, imanentes aos conteúdos, devido à forma como são transmitidos e construídos, os professores podem acabar por fazer apologia ao existente. Adorno (1995) adverte que "na incapacidade do pensamento em se impor, já se encontra à espreita o potencial de enquadramento e subordinação a uma autoridade qualquer, do mesmo modo como hoje, concreta e voluntariamente, a gente se curva ao existente" (p. 71). Dessa forma, não apenas o indivíduo regride, já que é enfraquecida a sua possibilidade de reflexão e autodeterminação, mas também a própria organização

---

3 "[...] as pessoas acreditam estar salvas quando se orientam conforme regras científicas, obedecem a um ritual científico, se cercam de ciência. A aprovação científica converte-se em substituto da reflexão intelectual do fatual, de que a ciência deveria se constituir. A couraça oculta a ferida. A consciência coisificada coloca a ciência como procedimento entre si própria e a experiência viva". (Adorno, 1995, p. 70)

social acaba por expressar essa regressão, desenvolvendo expressões de embrutecimento, próprias à barbárie. O indivíduo acaba por desenvolver formas de pensamento e de sentimento compatíveis com as exigências do ordenamento social que lhe oprime.

Nas investigações de Casco (2003 e 2007), entre outros elementos, essas configurações relativas à formação da dupla hierarquia apresentaram-se intimamente relacionadas ao exercício da autoridade do professor: ao tipo de tratamento público que este confere aos alunos (repreensões e elogios), à seleção dos objetos culturais que coloca em cena na relação pedagógica e à forma como organiza e avalia as "performances" de caráter intelectual ou corporal. Em certas circunstâncias, ele "autoriza" o comportamento discriminatório em direção ao aluno que porta um signo (corporal ou intelectual) considerado desviante da média do grupo. Nesse sentido, o professor pode favorecer a promoção de uma espécie de "pacto da mediocridade" entre os alunos: qualquer um que destoe do que é considerado padrão de normalidade acaba sendo alvo de ataques físicos ou verbais, ou é simplesmente negligenciado por seus pares, tendendo a ser isolado do grupo. As relações sociais que se desenvolvem no interior da sala de aula e na quadra de esportes, portanto, se relacionam com a autoridade do professor. É possível perceber os impactos desses processos sociais em outros espaços institucionais, como, por exemplo, no recreio.

Expressões da *"dupla hierarquia"* no recreio

O recreio, nas instituições escolares, vem se configurando como um objeto recente nas pesquisas sobre educação. Pereira (2002) afirma que "é surpreendente que as questões relativas aos recreios nas escolas só recentemente tenham vindo a preocupar os investigadores, pais e os professores, tendo sido nos últimos anos objeto de estudo" (p. 98).

Segundo Pereira (2002), data da última década do século XX o interesse das escolas pela aprendizagem dos alunos em contextos diversificados. Tal preocupação refere-se a pelo menos dois aspectos: (a) é durante o recreio que os alunos relatam o maior número de ações agressivas de seus pares; (b) "[...] uma boa imagem de escola e um bom clima não é possível se a escola não possuir espaços de recreio agradáveis" (p. 98).

O recreio pode ser definido, no conjunto de relações sociais que se desenrolam no ambiente escolar, como um momento no qual a interferência dos educadores e/ou adultos nas interações sociais entre alunos é menor. Pereira (2002) afirma que a palavra recreio, em Portugal, apresenta uma dupla valência: tempo e espaço. Segundo a autora:

Muitas vezes é usada para identificar um espaço de actividade livre, onde a criança pode correr, saltar, jogar, lanchar, conversar e, outras vezes, é usada como tempo, período de paragem das actividades curriculares, ou seja, o tempo que medeia entre duas aulas para o qual também usamos a designação "intervalo" (p. 113).

O recreio pode ser compreendido como um momento delimitado pela instituição, quando, devido ao próprio relaxamento dos mecanismos de vigilância por parte do adulto, as aprendizagens encontram maior liberdade de expressão, podendo ser experimentadas como exercício de resistência ou de apropriação dos mecanismos de produção e reprodução da dominação, resultantes da organização social vigente, atuantes, também, no interior da escola.

Pereira (2002) compreende o recreio como "[...] uma espécie de um pequeno mundo marginal à escola onde esta relação de poder [entre professor e aluno] assume novos contornos; e onde professores e alunos assumem novos papéis" (p. 113).

Tal definição, no entanto, não parece levar em consideração a influência que as determinações da racionalidade institucional imprimem sobre o recreio. Se durante as atividades desenvolvidas, em sala de aula, a presença e as ações do professor parecem ser determinantes, durante o recreio tal figura de autoridade tende a desaparecer quase que por completo, o que não implica, necessariamente, no rebaixamento dessas determinações sobre as ações ou agrupamentos efetivados pelos alunos, nesses momentos de aparente liberdade no interior das instituições escolares.

Algumas das reflexões desenvolvidas por Adorno (1995a) sobre o tempo livre oferecem perspectivas interessantes para se pensar sobre o recreio nas escolas. Elas podem auxiliar no esclarecimento sobre quais as possíveis associações entre as relações sociais observadas, nesse momento da vida escolar, e aquelas que se desenvolvem no interior da sala de aula. Ainda que o autor se refira à oposição entre tempo livre e trabalho, tal oposição parece também estar presente na oposição, constituída pela organização escolar, entre recreio e sala de aula. É necessário, porém, que, durante o ato investigativo, tal aproximação seja mais bem avaliada. Não parece, no entanto, livre de consequências a expressão comumente utilizada, no cotidiano escolar, para se referir às atividades desenvolvidas em sala de aula, como "trabalhos de classe".

É também necessário ampliar a investigação sobre os usos que os alunos fazem do recreio a ponto de aproximá-lo do que Adorno (1995a) denominou como "tempo livre". De todo modo, o autor entende que, apesar de o tempo livre se opor ao tempo do trabalho, sofre as determinações do último. Mesmo essa divisão rígida, segundo o autor, se faz necessária para manter inalterada a dominação operada pelo mundo do trabalho, pois "toda mescla, aliás, toda falta de distinção nítida, inequívoca, torna-se suspeita ao espírito dominante. Essa rígida divisão da vida em duas metades enaltece a coisificação que entrementes subjugou quase completamente o tempo livre" (p. 73).

Para o autor, o tempo livre não deve lembrar, em nada, o mundo do trabalho, ainda que a sua existência se volte para a manutenção e a eficácia deste. O tempo livre no mundo administrado não consegue se separar das determinações impostas pela própria racionalidade do modo de produção e das funções que o indivíduo ocupa no mundo do trabalho. Para Adorno (1995a):

> Numa época de integração social sem precedentes, fica difícil estabelecer, de forma geral, o que resta nas pessoas, além do determinado pelas funções. Isto pesa muito sobre a questão do tempo livre. Não significa menos do que, mesmo onde o encantamento se atenua e as pessoas estão ao menos subjetivamente convictas de que agem por vontade própria, essa vontade é modelada por aquilo que desejam estar livres do horário do trabalho (p. 71).

O indivíduo, no mundo administrado, se reconhece como tal à medida que exerce uma função preestabelecida no processo produtivo. As funções que exerce, no mundo do trabalho, acabam por forjar a própria identidade e as formas como ocupa o tempo livre. O tempo livre não se opõe, portanto, à racionalidade presente na organização do trabalho.

Tais reflexões suscitam algumas intuições sobre o recreio que, por sua vez, não estão isentas de serem aprofundadas no ato investigativo. O recreio pode ser aproximado às observações de Adorno (1995a) sobre o tempo livre: por constituir-se em tempo livre organizado pelas instituições escolares, não está isento de determinações imanentes à própria lógica institucional. No entanto, como explicitado anteriormente, é possível que, durante o recreio, sejam expressas relações sociais que se distanciem dessa mesma lógica. Tal fato destaca a importância de se investigar como se conformam as relações sociais como possíveis expressões de resistência à racionalidade institucional durante o recreio. Tal operação depreende-se da observação feita por Adorno (1995a): "É evidente que ainda não se alcançou inteiramente a integração da consciência e do tempo livre. Os interesses reais do indivíduo ainda são suficientemente fortes para, dentro de certos limites, resistir à apreensão [*Erfassung*] total" (p. 81).

Se, na classe, o professor encarna o papel de líder, tal posição parece conferir aspectos importantes que acabam por influenciar algumas das relações sociais que são constituídas entre os alunos no interior da sala de aula. A ênfase dada à aquisição dos conhecimentos colocados em cena, durante as atividades desenvolvidas na classe, como já assinalado anteriormente, muitas vezes acaba por corroborar a formação de uma hierarquia oficial, na qual o desempenho intelectual é valorizado, implicando a construção de relações sociais que tomam tais valores como importantes. Em última análise, o que acontece durante as atividades desenvolvidas nas aulas parece se relacionar com a constituição das relações sociais que se dão em outros momentos da vida escolar, especialmente durante o recreio.

A leitura da obra de Freud (1974), *Psicologia de massas e análise do ego*, traz também interessantes provocações para a análise das relações entre a sala de aula e o recreio nas escolas. Ainda que Freud (1974) tenha se preocupado em compreender os fenômenos subjacentes às massas organizadas, como o exército e a Igreja, os fenômenos que ocorrem dentro dos estabelecimentos escolares aproximam-se de suas análises, principalmente quando o professor é identificado com o líder – como o caudilho ou o general ou, ainda, o padre – e os alunos com a massa organizada, que se mantém unida por compartilhar os mesmos ideais – no caso, o acesso ao conhecimento veiculado e o respeito às normas; e aqueles que mais se aproximam de tais ideais são mais amados pelo professor/líder.

No entanto, o que acarretaria a ausência do líder, a figura de autoridade encarnada pelo professor, na constituição das dinâmicas sociais forjadas durante o recreio?

Freud (1974), quando analisa o fenômeno do pânico coletivo, quando reflete sobre os laços que mantêm os integrantes de um exército unidos entre si, analisa que, com a queda do líder, os laços libidinais tendem a se enfraquecer, e a unidade da massa se dissolve. Neste momento, cada um procura agir conforme seu próprio interesse, em detrimento dos laços que os unia quando na presença do líder.

Ao que parece, e este é um dos caminhos encampados por esta investigação, quando o grupo de alunos se encontra sob a presença da autoridade professoral, tende a agir conforme as pressões e demandas institucionais e pedagógicas que tal autoridade medeia. É possível pensar que as condições que estruturam as relações sociais grupais, quando o grupo se encontra submetido à autoridade do professor na sala de aula, são diversas daquelas quando o grupo não sofre influência direta do professor, por este estar ausente, como no caso do recreio.

Estudos que se ocuparam em compreender as relações sociais entre alunos em escolas caracterizaram o recreio como o lugar no qual ocorre grande número de relações sociais agressivas. Observando o fenômeno da violência, nas escolas francesas, Debarbieux (1996) procurou identificar suas causas, bem como suas diferentes formas de manifestação. Em sua pesquisa, apresenta o espaço do recreio como um lugar de transgressão e contestação do poder adulto, problematizando a sua função como construtor da identidade. Para Debarbieux, o recreio constitui o lugar, dentro do cotidiano escolar, no qual ocorre maior índice de comportamentos violentos entre os alunos. Para o autor, as rixas representam a sua principal modalidade. Em suas palavras:

> O recreio, malgrado a "violência", é largamente o lugar preferido dos alunos. Os lugares da violência transgressiva são os lugares de passagem (corredores, escadas), lugares de contestação do poder do adulto [...] ou lugares fora do estabelecimento, sem vigilância particular. Podemos pensar que essa violência no recreio é apesar de tudo normal e construtora da identidade, ou ao contrário, que existe lá as primeiras aprendizagens que condicionam a desigualdade social dos sexos (as duas versões podem ser verdadeiras ao mesmo tempo). É evidente que existe um aspecto profundamente "machista" na violência escolar (p. 77).

Ainda que seja notório o enfraquecimento da autoridade do professor, é possível perceber algumas relações entre o exercício de sua autoridade na sala de aula e a conformação das relações sociais que se desenvolvem entre os alunos durante o recreio. Ao experimentar aquisições sociais, desenhadas pela coletividade, as crianças encontram um espaço em que podem exercitar livremente o poder das forças coercivas e excludentes que, reapresentadas e ressignificadas pela instituição, aparecem sob a forma da brutalidade contra os mais fracos e também como práticas de segregação sexual, como atestam Maccoby e Jacklin (1986).

Perspectiva diversa das anteriores, para se pensar os problemas referentes aos comportamentos agressivos no ambiente escolar e suas expressões durante o recreio, foi delineada por Corrêa (2005). O autor compreende as expressões de indisciplina e agressividade no ambiente escolar como fruto de determinações históricas, atinentes à "crise de valores", que colocam em xeque as figuras tradicionais de autoridade; situação que implica desdobramentos importantes nas relações sociais que se dão no interior da escola. O autor critica as perspectivas de estudo sobre a indisciplina que alocam sua origem apenas na própria instituição:

> Por mais que se tente compreender determinados atos de indisciplina ou mesmo de violência presentes na escola, sob um ponto de vista pedagógico e\ou psicológico, descurá-los completamente da formação social dominante é prestar um serviço para que tal sistema se perpetue e desenvolva novos mecanismos que os alimente (p. 20).

A análise empreendida por Corrêa (2005) distancia-se das perspectivas que tendem a circunscrever os problemas relacionais, observados nas instituições escolares, apenas às suas próprias configurações. Ainda que sejam importantes as reflexões que procuram compreender os "efeitos" dos estabelecimentos sobre as relações sociais neles constituídas, o autor destaca a importância de se investigarem as dinâmicas culturais da totalidade da organização social e suas influências sobre as relações sociais internas à instituição escolar. Neste sentido, o autor, em seu estudo, analisa a "crise de valores" sociais como decorrência, principalmente, da expropriação da vida plena para a massa de trabalhadores, devido a sua inscrição no mundo do trabalho alienado – condição importante para a desagregação dos laços familiares e das alterações nas relações de autoridade entre pais e filhos (Corrêa 2005) –, e a influência marcante do desenvolvimento da indústria cultural (idem).

Corrêa (2005), em sua pesquisa, tematiza o recreio como um dos momentos da organização escolar em que ocorre, proporcionalmente, o maior número de ocorrências disciplinares. O autor indica a necessidade de investigações que, sem perder a tensão entre o particular e o todo social, se esforcem para compreender as determinações internas às instituições escolares que corroboram sua emergência. É necessário, portanto, buscar compreender as relações que se estabelecem entre o cotidiano vivido pelos atores sociais na sala de aula e as relações sociais que se desenvolvem entre os alunos em outros âmbitos da instituição escolar, notadamente, o recreio.

Para Defrance (1992) as expressões de violência sobre o outro podem ser fruto de procedimentos institucionais que acabam por conferir destaque àqueles alunos que "interiorizando as normas da violência institucional, saindo-se bem na escola, poderão então 'tomar o lugar do professor' e exercer graças aos diplomas adquiridos seus poderes sobre o outro" (p. 78). Nessas condições, a autoridade do professor parece promover, por meio de castigos e elogios que frequentemente utiliza para conformar os modelos que devem ser imitados ou rechaçados, uma série de comportamentos que podem estar intimamente relacionados às ações agressivas, entre pares, durante o recreio.

A habilidade física para os jogos e esportes também parece ser um elemento importante na constituição das relações sociais infantis durante o recreio. Dubois e Verschelde (1974-1975) procuraram esclarecer se existiriam elementos determinantes, tanto sobre o plano do comportamento quanto do desenvolvimento social, suscetíveis de explicar o estatuto de popularidade dos alunos. Os autores procuraram compreender por que certas crianças são escolhidas para pertencer a um grupo e outras não. Enquetes direcionadas a crianças de 10 e 11 anos concluem que as crianças mais populares são aquelas que participam mais ativamente na classe, em comparação às demais. São mais dotadas para os jogos esportivos, desenvolvidos durante o recreio, e também nas aulas de basquete.

A capacidade atlética também foi um elemento importante na análise sobre a popularidade das crianças durante o recreio, em pesquisa desenvolvida por Evans (1989 apud Pereira 2002). Segundo essa pesquisa, um "factor que contribui para o estatuto da criança no recreio é a capacidade atlética. Ser bom em alguma actividade, valorizada pelos pares, representa inequívoca vantagem" (p. 120). Segundo Casco (2003), a referência ao nível de habilidade corporal para os jogos no recreio remete para a importância conferida à edificação do modelo esportivo, hegemonia que encontra nas escolas no desenvolvimento da pedagogia esportiva na Educação Física. O ideário que ela encerra e a importância que assume na vida social são fatores importantes que concorrem para a constituição das relações sociais na sala de aula e durante o recreio.

Se a hierarquia "não oficial" influencia o *status* de popularidade entre pares, ela também influencia a ocupação do espaço durante o recreio. As atividades esportivas são privilegiadas com espaços predefinidos, como as quadras esportivas, equipadas para sua prática. Geralmente, ocupam esses espaços os alunos – frequentemente meninos – mais habilidosos e viris. As meninas e os alunos menos hábeis devem se contentar em brincar nos espaços periféricos da escola.

No cenário dos pesquisadores que se ocuparam em compreender as variáveis que atuam na conformação das relações sociais constituídas durante o recreio nas escolas, no que diz respeito especificamente à ocorrência de comportamentos antissociais, Neto (2001) enfatiza que esses comportamentos devem-se ao fato de que "as características destes espaços [definidos para o recreio] são, na maior parte dos casos, demasiado pobres ou com uma gestão ou supervisão deficientes" (p. 127), tal perspectiva é corroborada pelas considerações feitas por Blatchor em pesquisa (1989 apud Pereira 2002).

Nessa pesquisa, Blatchor apresenta algumas opiniões de alunos, de escolas do 1º ciclo, sobre os comportamentos antissociais que ocorrem nos recreios. Segundo a opinião dos alunos: "[...] os recreios eram aborrecidos e que a falta de estímulos e de objetivos no recreio estaria na origem dos comportamentos antissociais que aí eram registrados com mais frequência do que em qualquer outra parte da escola" (apud Pereira, 2002, p. 115). Ainda que a supervisão dos recreios e o seu aparelhamento, para possibilitar o desenvolvimento das atividades recreativas e esportivas, sejam variáveis consideradas pelos programas de intervenção, visando à melhoria das relações sociais infantis com o objetivo de diminuir as ações agressivas entre pares (Pereira, 2002), é importante reconhecer que, diversamente das opiniões das crianças envolvidas na pesquisa de Blatchor, a origem dos comportamentos antissociais não está circunscrita apenas ao tempo e ao espaço destinados ao recreio, no interior das escolas.

Por sua vez, as expressões da hierarquia "oficial" no recreio foram objeto da pesquisa desenvolvida com crianças (com idade entre 10 e 11 anos) de uma escola pública por Casco (2007). Ao se fazer a comparação entre o nível de integração dos alunos repreendidos, dos alunos repreensores e agressores e dos alunos elogiados pelos professores na sala de aula, devido a boa ou má realização das tarefas escolares ou devido a questões disciplinares, foi possível verificar que os primeiros não conseguiram inserção em grupos organizados no recreio, e, se conseguiram, juntaram-se às crianças de outras turmas. Os alunos repreensores e agressores tenderam a organizar grupos "fechados", com grande destaque para a competitividade e virilidade. Já as alunas elogiadas se integraram com tranquilidade num grupo grande de alunos de sua mesma turma, cuja característica principal foi tanto a predileção por atividades lúdicas quanto o acolhimento aos alunos que não primavam por serem habilidosos corporalmente.

Sobre a predileção por jogos lúdicos durante o recreio, ela implica na opção por parte dos jogadores em atividades com especificidades distintas, se as comparamos com as atividades de caráter esportivo, das desenvolvidas pelos alunos repreensores e agressivos na sala de aula. Como analisado em trabalho anterior (Casco, 2003), as atividades lúdicas implicam uma menor exigência com relação ao desempenho corporal, portanto, agregam alunos que não são, necessariamente, habilidosos no que tange às atividades corporais, algo distinto dos atributos exigidos para a participação em atividades de caráter esportivo.

Neste estudo, os alunos elogiados na sala de aula apresentaram boa inserção nos grupos organizados por seus pares de colegas no recreio – algo distinto do observado em relação aos alunos mais repreendidos pelos professores. É possível afirmar que seu bom desempenho nas atividades desenvolvidas na sala de aula garanta por si só uma maior integração dessas alunas no grupo ao qual pertencem? Ao que parece a resposta é negativa, mas não deve ser descartada a possibilidade de que tal integração tenha como um de seus componentes a boa avaliação que seus professores e pares tenham delas devido ao seu bom desempenho nas tarefas exigidas pelos professores em sala de aula.

Outro dado importante para a reflexão refere-se à possibilidade de esses alunos serem receptivos com seus colegas durante o recreio, diversamente dos alunos agressivos e repreensores na sala de aula, já que não teriam motivos para se sentirem ameaçados no que diz respeito ao lugar de poder que ocupam no grupo, pois são referendados pelos seus professores como modelares.

As análises empreendidas por Casco (2007) tendem a confirmar a hipótese de que as relações sociais que se desenvolvem entre os alunos na sala de aula, na quadra de esportes e no recreio são associadas, entre outros elementos, com o exercício da autoridade professoral.

As relações sociais que se estabelecem durante o recreio parecem expressar, ainda que não seja uma relação de causa e efeito, os constrangimentos auferidos pelo exercício da autoridade professoral em sala de aula e na quadra de esportes. Por meio da utilização de dispositivos visando à aquisição do conhecimento, ou de habilidades corporais – notadamente de caráter esportivo –, o fomento à participação dos alunos e a normatização de seus comportamentos mediante repreensões ou elogios – elementos estruturais da relação pedagógica instaurada na sala de aula e nas aulas de Educação Física –, os professores ocupam papel importante no que se refere à construção das relações sociais que se estabelecem entre os alunos na escola – na sala de aula, ou na quadra esportiva, assim como durante o recreio. Essa associação expressa a dinâmica própria do grupo submetido à figura do líder, representado pelo professor.

As análises realizadas enfatizam a importância do esclarecimento dos professores sobre como as suas ações na sala de aula podem se associar às relações sociais entre pares de alunos do grupo. Os resultados obtidos apontam para novos estudos, principalmente por ser provável que as associações entre o exercício da autoridade professoral e as relações sociais que se dão entre os alunos sejam distintas em diferentes momentos do processo formativo escolar. Seria interessante realizar pesquisas comparativas que pudessem explicitar os diferentes *status* que o exercício da autoridade professoral ocupa em distintas etapas do processo de escolarização, para melhor avaliar quais as ações que os professores podem promover na sala de aula e nas aulas de Educação Física, que auxiliem os alunos a desenvolver relações sociais pacíficas. Outro estudo interessante seria o de acompanhar o processo de escolarização de um grupo de alunos iniciantes na vida escolar, com o intuito de verificar a constituição e a permanência das relações de poder, entre pares, durante os anos subsequentes de formação, e as suas relações com o exercício da autoridade professoral.

Tendo em vista a necessidade de se combater a formação da dupla hierarquia e suas consequências para a ambiência social na escola, caberia alterar práticas correntes em prol de experiências que possam favorecer a formação de atitudes e valores contrários à violência:

Na sala de aula:

a) Fomentar experiências cooperativas, como atividades em pequenos grupos (a adoção da pedagogia por projetos para a construção de trabalhos coletivos favorece a construção coletiva do conhecimento escolar).

b) Evitar a comparação de desempenhos intelectuais: no momento da entrega das notas é preciso salvaguardar o direito do aluno e não torná-las públicas.

c) O professor deve evitar a todo custo utilizar qualquer aluno como modelo, quer seja por enaltecer seus feitos, quer seja por menosprezar sua produção escolar insuficiente.

d) O professor deve exercer sua autoridade com senso de justiça e igualdade para com os alunos; não deve favorecer um ou outro aluno devido ao seu melhor desempenho intelectual, por exemplo, ou por nutrir maior afeição.

e) A escola pode fomentar a adoção de processos assembleares por turma, auxiliando os alunos a aprender a dialogar e encontrar soluções em conjunto para os problemas cotidianos (os processos assembleares não devem ser pontuais ou emergenciais, e sim regulares, devem fazer parte do cotidiano da escola).

f) As avaliações do desempenho intelectual dos alunos devem ser diversificadas e processuais. Não devem se limitar apenas à aplicação de provas no final do bimestre ou do trimestre.

Nas aulas de Educação Física:

a) As atividades corporais devem ser diversificadas, as atividades esportivas não devem ser hegemônicas no currículo.

b) Deve ser enfatizado o princípio da ludicidade em detrimento do princípio do desempenho e da competição.

c) Deve ser evitado colocar os alunos em situação de humilhação devido a fatores de ordem corporal, como obesidade, descoordenação motora ou deficiência física de qualquer ordem.

d) Devem ser enfatizadas atividades de caráter cooperativo, como os jogos cooperativos, bem como a dança, o circo, as lutas regradas e os jogos lúdicos.

No recreio:

a) Os funcionários que atuam no recreio devem ser orientados para coibir qualquer manifestação de agressão entre alunos. Devem também ser instruídos para identificar alunos que são agredidos, segregados ou marginalizados pelos demais nesse momento da vida escolar e reportar para os professores de sala, para que estes possam atuar sobre a dinâmica social do grupo em prol desses alunos.

b) O uso dos espaços destinados para os jogos e as brincadeiras durante o recreio deve ser democrático, ou seja, todos os alunos têm o direito de usufruir dos melhores espaços para realizar suas atividades, não apenas os mais aptos corporalmente ou os mais velhos. Pode-se adotar o sistema de rodízio por turmas.

c) A escola pode construir uma brinquedoteca para que os alunos possam contar com materiais e brinquedos variados para serem utilizados durante o recreio.

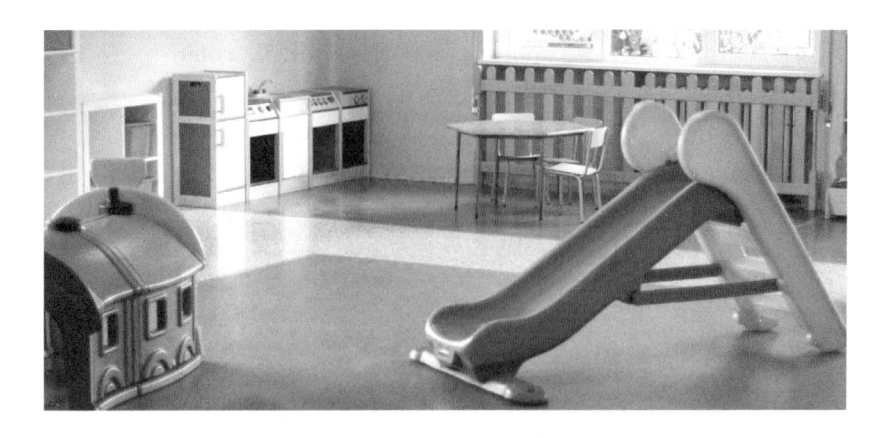

Se a formação escolar não tem condições de instaurar uma cultura distinta da que rege a totalidade da sociedade, ela pode, ao menos, constituir experiências que levem os indivíduos a refletir sobre as condições objetivas que impelem a existência humana para expressões de barbárie e contrapor formas de resistência que possam propiciar o desenvolvimento de relações sociais pacíficas e a formação de indivíduos sensíveis e avessos à violência.

Referências bibliográficas

ADORNO, T. W. *Educação e emancipação*. São Paulo: Paz e Terra, 1995.

_____. Glosa sobre personalidade. In: *Palavras e sinais – modelos críticos 2*. São Paulo: Vozes. 1995a.

_____. *La disputa del positivismo en la sociologia alemana*. Barcelona-México, D.F.: Ediciones Grijalb, 1973.

_____. *Minima moralia*. São Paulo: Ática, 1993.

_____. Teoria de la seudocultura. In: HORKHEIMER, M.; ADORNO, T. W. *Sociológica*. Madri: Taurus, 1971.

BRASIL. Ministério da Educação e Cultura. *Parâmetros Curriculares Nacionais*. Brasília: MEC/SEF, 1997.

BROHM, J. M. *Sociologie politique du sport*. Nancy: Presses Universitaires de Nancy, 1992.

CASCO, R. *As cicatrizes do corpo: a pedagogia esportiva nas aulas de Educação Física*. 2003. Dissertação (Mestrado) – Instituto de Psicologia da Universidade de São Paulo, São Paulo. 2003.

_____. *Autoridade e formação: relações sociais na sala de aula e no recreio*. 2007. Tese (Doutorado) – Programa de Estudos Pós-graduados em Educação: História, Política, Sociedade da Pontifícia Universidade Católica de São Paulo, São Paulo. 2007.

CORRÊA, A. S. *A indisciplina no ensino fundamental: uma análise dos registros de ocorrências disciplinares de 5as e 8as séries*. 2005. Dissertação (Mestrado) – Programa Pós-Graduados em Educação, Pontifícia Universidade Católica de São Paulo, São Paulo. 2005.

CROCHIK, J. L. A corporificação da psique. *Educar em revista: Dossiê corporalidade e educação*. Curitiba-Paraná: Editora da UFPR, 2000.

_____. Apontamentos sobre o texto "Educação após Auschwitz" de T. W. Adorno. *Educação & Sociedade*: revista quadrimestral de Ciência da Educação/Centro de Estudos de Educação e Sociedade (Cedes), n. 42, p. 344. V.II. Campinas, 1993.

_____. *O computador no ensino e a limitação da consciência*. São Paulo: Casa do Psicólogo, 1998.

CROCHIK, J. L. at al. Atitudes de professores em relação à educação inclusiva. *Psicologia Ciência e Profissão*, v. 29, n. 1, p. 40-59, 2009.

DAOLIO, J. *Da cultura do corpo*. Campinas: Papirus, 1995.

DEBARBIEUX, F. *La violence en millieu scolaire – État des lieux*. Paris: ESF éditeur, 1996.

DEFRANCE, B. *La violence à l'école*. Paris: Syros Alternatives, 1992.

DUBOIS N.; VERSCHELDE O. Facteurs personnels et sociaux liés au statut sociométrique dans une classe de garçons de CM2. *Bulletin de Psychologie*, Groupe de psychologie de l'université de Paris, v. 28, n. 319 (18), 1974-1975.

FILLOUX, J. *Du contrat pédagogique: le discours inconscient de l'école*. Paris: Editions L´Harmattan, 1996.

FREUD, S. *Psicología de las masas*. Madri: Alianza Editorial, 1974.

HORKHEIMER, M.; ADORNO, T. W. *Dialética do esclarecimento*. Rio de Janeiro: Zahar, 1985.

JACKSON, P. W. *La vida en las aulas*. La Coruña: Fundación Paidéia & Madrid, Ediciones Morata, S. L., 1990.

LAGUILLAUMIE, P. Pour une critique fondamentale du sport. In: ESCRIVA, J-P; VAUGRAND, H. *L'opium sportif. La critique radicale du sport de l'estrême gauche à Quel Corps? Espaces et Temps du Sport*. Paris: L'Harmattan, 1996.

LAPIERRE, A.; AUCOUTURIER, B. *A simbologia do movimento: psicomotricidade e educação.* Porto Alegre: Artes Médicas, 1988.

MARCUSE, H. *A ideologia da Sociedade Industrial: o homem unidimensional.* São Paulo: Zahar, 1979.

_____. *Eros e civilização. Uma interpretação filosófica do pensamento de Freud.* 8. ed. Rio de Janeiro: Guanabara Koogan, [s.d.].

MACCOBY, E. E.; JACKLIN C. N. Gender segregation in chilhood. *Advances in child development and behavior,* Academic Press, Inc. Orlando, Flórida, v. 20, 1986.

NETO, C. A importância da Educação Física e a formação desportiva no contexto escolar. In: VARGAS, A. L. (Coord.). *Desporto e tramas sociais.* Rio de Janeiro: Sprint, 2001.

PEREIRA, B. O. *Para uma escola sem violência: estudo e prevenção das práticas agressivas entre crianças.* Porto: Fundação Calouste Gulbenkian – Fundação para Ciência e a Tecnologia, 2002.

SAMPAIO, M. M. F. *Um gosto amargo de escola: relações entre currículo, ensino e fracasso escolar.* São Paulo: EDUC, 1998.

VAGO, T. M. Intervenção e conhecimento na escola: por uma cultura escolar de Educação Física. In: GOELLNER, S. V. (Org.). *Educação Física/ciências do esporte: intervenção e conhecimento.* Florianópolis: Colégio Brasileiro do Esporte, 1999.

VINCENT, G.; LAHIRE, B.; THIN, D. Sobre a História e a teoria da forma escolar. *Educação em Revista,* Belo Horizonte, n. 33. 2001.

WEBER, M. A burocracia. In: *Ensaios de Sociologia.* Rio de Janeiro: LTC, 2002.

3

A influência do contexto familiar no processo de aprendizagem dos alunos

Luciana Maria Caetano

Introdução

O principal objetivo deste artigo é refletir sobre a influência do contexto familiar no processo de aprendizagem dos alunos. Com a pretensão de bem atender a esse objetivo, pensa-se ser necessário tratar da temática da relação escola e família. Assim, logo no início deste capítulo, o leitor encontrará algumas considerações oriundas de pesquisas que se debruçam sobre essa temática, cujos resultados apontam para a necessidade de que o professor reveja os seus conceitos ou hipóteses sobre a influência do contexto familiar no processo de aprendizagem dos alunos. Desse modo, este capítulo inicia com um convite à reflexão sobre aspectos relacionados ao contexto familiar e sua relação com a escola, apontando variáveis a serem analisadas, de modo que a influência do contexto familiar sobre a aprendizagem do aluno seja positiva.

A partir desse primeiro ponto, o leitor é encaminhado para uma apreciação mais aprofundada do contexto familiar, de modo a vencer um grande obstáculo que se interpõe na relação escola família, que são os preconceitos mútuos. Com esse propósito, três aspectos do contexto familiar serão discutidos: os desafios de educar na sociedade contemporânea, a crise da autoridade e a falta de conhecimento.

Essas são as três lentes escolhidas para que o leitor possa conhecer um pouco mais da realidade das concepções e intervenções educativas da família brasileira, bem como das suas dificuldades em se constituir como um contexto favorável ao processo de aprendizagem dos seus filhos.

Ao final deste capítulo, apresentamos alguns desafios aos professores. Fundamentados nos resultados das pesquisas aqui apresentadas, pensamos que é possível atuar no estabelecimento de relações cooperativas entre escola e família, que serão, antes de tudo, exemplo e modelo de relações pessoais fundamentadas em respeito mútuo para as crianças e para os jovens, sejam eles filhos e ou alunos.

Família e escola

Infelizmente não existe curso para ser pai e mãe, assim como existe curso para tirar carteira de habilitação ou curso para aprender a usar o computador. Tampouco os filhos vêm com manual de instrução ou bula, que indiquem aos pais qual a melhor maneira de "manipulá-los", "o que fazer para que não se percam, ou se desviem do bom caminho", quais as "contraindicações" ou as "reações adversas". A educação dos filhos é uma tarefa muito difícil e desafiadora, mas um dos caminhos mais perfeitos que o ser humano pode trilhar. Afinal, nessa caminhada é possível acabar aprendendo mais do que ensinando. O final desse filme ninguém pode contar como será. A educação traz consigo a imprevisibilidade.

Desse modo, diferentemente da concepção que tomava conta das gerações passadas, segundo a qual bastava ser pai e mãe para saber educar, as gerações contemporâneas têm reconhecido cada vez mais a necessidade de algum tipo de ajuda externa para bem efetuar o papel de educador. Aqui entra a escola como principal aliada da família para educar.

É comum professores, principalmente aqueles da educação infantil, se queixarem a respeito do quanto a família tem exigido da escola. Silveira (2011) afirma que "uma das crenças mais frequentes que se conserva é a omissão da família na educação das crianças" (p. 182). Conforme a autora, os professores, além de culparem a família pelo fracasso escolar dos alunos, ainda a julgam pouco participativa.

Não há dúvida de que a participação da família na vida da criança é incontestavelmente necessária. Polity (2001), ao investigar a interação da família com a criança com dificuldade de aprendizagem, afirma que o papel da família é essencial no processo de construção de uma nova relação da criança com o saber. Segundo a autora: "quando os pais e a escola oferecem compreensão e ajuda adequadas, muitas crianças demonstram melhora acentuada e sensível redução nos conflitos emocionais resultantes do contínuo fracasso" (p. 23).

Obviamente, as pesquisas que se debruçam sobre a temática da relação escola e família têm como consenso que a influência positiva da família na vida das crianças, bem como a sua participação na escola, favorece o bom desempenho dos alunos e também a longevidade escolar deles.

Entretanto, uma questão precisa ser apontada. A família não pode ser condição para que a escola realize seu papel. Conforme as considerações de Carvalho (2008), a escola não pode depender do apoio da família para bem realizar sua função. Se assim fosse, a escola estaria inviabilizada para os órfãos. Existem algumas crianças para as quais a escola é a única chance de encontrar um adulto sensato e bem preparado para o ato de educar e que possa ajudá-las a crescer e se desenvolver plenamente.

A diferença entre as duas instituições, escola e família, é explicitada pelo fato de a escola contar com os especialistas em educação: os professores. A educação escolar é formal, conta com profissionais que estudaram para exercer suas funções. Esses profissionais, por sua vez, contam com legislação e documentos como os Parâmetros Curriculares Nacionais (PCN) para fundamentarem a sua prática e, além disso, são remunerados para formarem seus alunos como cidadãos. Desse modo, obviamente os professores possuem maiores condições de se organizarem e refletirem sobre as melhores formas de auxiliarem as famílias na construção de uma relação de cooperação.

Nogueira (2005) relata, em suas investigações sobre a relação escola e família na contemporaneidade, que atualmente existe um processo de aproximação das duas instituições. Logo, a família tem acessado mais o ambiente escolar, algumas vezes para questionar o bom desempenho da escola e, outras tantas vezes, para aprender a educar seus filhos. Coerentemente, essa tendência atual faz com que os pais e responsáveis busquem cada vez mais o auxílio de especialistas, como professores, médicos, psicólogos e outros profissionais de áreas afins, porque sabem que esses profissionais possuem uma maior formação escolar, pela valorização do *capital escolar*, conforme aponta Singly (2003), e pela própria difusão das ideias dos direitos das crianças e dos pais.

Portanto, uma vez que a família realmente tende a estar mais presente na escola, esta precisa se apropriar dessa novidade, não como um sintoma da negligência da família, ou da transferência do papel da família para escola. Faz-se necessário que os professores reflitam a respeito de alguns aspectos essenciais (Caetano, 2008):

- Os pais não são especialistas em educação: os professores são.
- Reprovar os pais não ajuda em nada.
- Julgar, criticar e culpabilizar a família não é papel da escola.
- Transferir a função da escola para a família somente reforça sentimentos de ansiedade, vergonha e incapacidade dos pais.

- Deixar o problema do lado de fora dos portões da escola, ou dar o diagnóstico e não passar a receita, é o tipo de atitude que revela falta de compromisso por parte do educador.
- A grande dificuldade da família, hoje em dia, está no processo de educação afetiva e moral, ou seja, na estruturação do relacionamento com a criança.

Todos esses aspectos precisam estar devidamente repensados pelos educadores. Assim como realizam o planejamento para o trabalho com as crianças, os professores, gestores, técnicos, enfim, a escola precisa replanejar a interação com as famílias. Conforme as palavras de Piaget (2000):

> Uma ligação estreita e continuada entre os professores e os pais leva pois a muita coisa mais que a uma informação mútua: este intercâmbio acaba resultando em ajuda recíproca e, frequentemente, em aperfeiçoamento real dos métodos. Ao aproximar a escola da vida ou das preocupações profissionais dos pais, e ao proporcionar, reciprocamente, aos pais um interesse pelas coisas da escola, chega-se até mesmo a uma divisão de responsabilidades (p. 50).

Polonia e Dessen (2006) afirmam que poucas são as investigações cujos propósitos atendem à temática da relação entre escola e família, especialmente no tocante a estratégias que possam ampliar e melhorar tais relações, no caminho da definição dos papéis de cada instituição, da cooperação concreta entre elas e da divisão de responsabilidades, conforme sugere Piaget (2000) na citação anterior.

Por outro lado, Laureau (apud Polonia e Dessen, 2005) também afirma que, quando os professores consideram os pais como parceiros, estes desenvolvem estratégias de acompanhamento e auxílio sistemático aos filhos, promovendo uma melhor interação entre os vários níveis curriculares, o que possibilita ao aluno usar todo o seu potencial. E, ao contrário, se os professores estabelecem um contato distante, rígido, baseado apenas no conteúdo, os pais também adotam essa postura e percebem a relação com a escola como um momento que gera ansiedade e frustração.

A pesquisa de Szymanski (2007) é um exemplo de proposta de trabalho que acredita na possibilidade do exercício de práticas educativas familiares numa perspectiva de formação, compreendendo que a troca e o diálogo entre pais, pesquisadores, educadores e outros profissionais podem ser de grande valia para o desenvolvimento da área educacional da família.

Quanto mais coesa a família e a escola estiverem em relação a valores e estilos de comportamento positivos, melhor a criança poderá desenvolver suas capacidades. Cecconello, De Antoni e Koller (2003), ao apresentarem uma pesquisa cujo objetivo foi investigar os estilos de práticas educativas das famílias e a sua relação com o abuso físico das crianças, afirmam a importância da coerência de atitudes entre os diversos ambientes que os pequenos frequentam, a fim de melhorar e ampliar o desenvolvimento infantil. Segundo as autoras, o risco para o abuso está nas informações e nos comportamentos contraditórios encontrados nos diferentes microssistemas, entre eles, família e escola.

Essa questão proposta pelas autoras é bem fácil de ser ilustrada, quando se pensa nos bilhetes (e quantos eles são) que as professoras enviam para casa no intuito de pedir ajuda aos pais para resolver os problemas de comportamento das crianças na escola, como, por exemplo, agressão física contra os amigos. Muitas vezes, esses bilhetes representam um documento escrito que comprova a cumplicidade da escola com a violência doméstica praticada em casa. Qual é a professora que não sabe que uma parte considerável das famílias que recebem um desses bilhetes, especialmente as famílias de nível socioeconômico menos favorecido, por não saber o que fazer, "resolve o problema" por meio de uma boa surra na criança para que ela aprenda a se comportar?

A questão é que a criança expressa na escola atitudes e comportamentos aprendidos em casa e, por outro lado, reproduz, no contexto familiar, formas/estratégias de enfrentamento de situações-problema aprendidas dentro da escola. Veja, a seguir, o relato de uma mãe:

> O que tenho percebido é que tanto coisas boas quanto ruins aprendidas na escola se refletem no comportamento da criança em casa e vice-versa. Por exemplo, meu filho aprendeu na escola, em situações de conflito com colegas, a dizer "Você não é mais meu amigo!" e generalizou para as relações em casa ao dizer "Agora você não é mais meu pai!" ou "Você não é mais minha mãe!". Acredito que em alguns lares este tipo de afirmação desencadearia umas boas palmadas, bem antes de ser compreendida em contexto. Por outro lado, aprendeu na escola a manifestar seu desagrado em relação ao comportamento de algum coleguinha dizendo "Não gostei!", "Isso não é legal!", o que o tornou bem mais assertivo em relação aos coleguinhas aqui do prédio.

Os exemplos relatados pela mãe mostram com evidência a necessidade de um diálogo honesto e bem fundamentado entre as duas instituições. Todavia, o que se percebe muitas vezes é uma espécie de troca mútua de abusos por parte da escola e da família. Como se uma pudesse determinar para a outra o jeito correto de ser escola e de ser família reciprocamente. Isso definitivamente não é cooperação. A escola exige determinado tipo de apoio da família, o qual muitas vezes a família não tem para oferecer, como, por exemplo, orientação pedagógica para as crianças com dificuldades de aprendizagem.

Portes (2000), em artigo intitulado "O trabalho escolar das famílias populares", aponta atitudes praticadas pelas famílias que providenciam a permanência dos alunos na escola e, mais que isso, o seu ingresso (considerado impossível estatisticamente) na universidade, especialmente, a pública. Entretanto, essas atitudes não são as comumente esperadas pela escola, e sim outras atitudes mais simples como: presença da ordem moral doméstica, esforço para compreender e apoiar o filho, a busca da ajuda material (como o caso de uma mãe que fazia salgado para ajudar com a compra de material escolar, entre outras). Portanto, a família esteve presente, mas do seu jeito.

Nogueira (2000), ao relatar uma investigação sobre a trajetória de estudantes provenientes de famílias cujos pais são professores universitários com alta formação, também oferece importantes contribuições sobre a relação escola e família. Os resultados encontrados implicam na importância das relações afetivas da família: "[...] a constatação do fenômeno do fracasso escolar entre indivíduos pertencentes aos estratos superiores da população, inclusive às elites diplomadas" (p. 151), é um fator extremamente relevante, pois, segundo a autora, a transmissão dos valores culturais não se dá automaticamente, porque depende do modo como pais e filhos se envolvem.

É exatamente sobre esse aspecto do envolvimento e do tipo de relações que se estabelecem entre pais e filhos que queremos refletir. Pascual (2010) realizou uma pesquisa sobre a família como contexto de aprendizagem. A autora fez recentemente um severo e acurado levantamento bibliográfico sobre o tema, além de estudos de campo que comprovaram que o fator mais importante para que a família seja um contexto positivo e favorável para aprendizagem é a qualidade das interações dos pais com seus filhos.

Por isso é que, a seguir, nos propomos a apresentar um mapeamento de três aspectos que consideramos imprescindíveis, para que possamos visualizar o contexto familiar no tocante aos tipos de relações que pais e filhos estabelecem entre si. Para isso, discutiremos, a seguir, três importantes tópicos: os desafios de educar na sociedade contemporânea, a crise da autoridade e a falta de conhecimento da família sobre o processo educativo.

Os desafios contemporâneos

Não é exagero dizer que o ato de educar está ainda mais desafiador do que sempre foi. A sociedade chamada pós-moderna é guiada por algumas características que dificultam muito a educação das crianças: a instabilidade dos valores, a busca desenfreada pelo prazer a qualquer custo, o consumismo, o individualismo e a própria dificuldade para atribuir sentido à vida. Conforme as palavras de La Taille (2009): "Vivemos, por conseguinte, não em um mundo sem valores, pois a afetividade está inevitavelmente presente e atuante, mas sim em um mundo sem valores estáveis, em um mundo de valores que se equivalem e que se revezam" (p. 39).

A sociedade pós-moderna apresenta algumas características que procuraremos descrever brevemente neste tópico, apontando aspectos pertinentes à reflexão a que nos propomos. São algumas das características que trataremos a seguir: hedonismo, narcisismo, consumismo, relações descartáveis e dificuldade para atribuir sentido à vida.

Conforme Costa (2004), as pessoas da sociedade contemporânea fundamentam suas identidades no narcisismo e no hedonismo.

> Basear a identidade no narcisismo significa dizer que o sujeito é o ponto de partida e chegada do cuidado de si. [...] Família, pátria, Deus, sociedade, futuras gerações só interessam ao narcisista como instrumento de autorrealização, em geral entendida como sucesso econômico, prestígio social ou bem-estar físico e emocional. [...] Assim, o sujeito da moral hodierna teria se tornado indiferente a compromissos com os outros – faceta narcisista – e a projetos pessoais mais duradouros – faceta hedonista (p. 186).

A grande maioria das pessoas que compõem essa sociedade hodierna, narcisista e hedonista, e, nesse caso, as diferenças de classes sociais parecem não ser consideráveis, tem filhos como uma condição que dá um determinado *status* social e um significado de autorrealização.

Segundo os estudos de Nogueira (2005), algo extremamente importante para a família contemporânea diz respeito ao fato de que os filhos significam mais que objeto de afeto e de cuidados dos pais, chegando a ser razão de viver deles e o modo de se realizarem.

Entretanto, o processo de educação de um filho nem sempre é leve e agradável. Filho é um projeto pessoal duradouro. Não se pode divorciar ou desistir dos filhos quando a convivência com eles não se mostra agradável e se apresenta repleta de conflitos. Todo pai e toda mãe sabem, ou deveriam saber, que a educação é um processo complexo que permeia todo o desenvolvimento da criança e do adolescente. Quando se tem um filho, é necessário que ele esteja incluso realmente no projeto de vida desse adulto que o trouxe ao mundo (Caetano, 2011).

Sendo os adultos, pais e mães, os principais responsáveis pela apresentação dos filhos ao mundo regrado, essa realidade contemporânea ressoa de forma conflituosa para a educação das crianças e dos adolescentes do nosso tempo. O que é o certo e o que é o errado? Como se deve agir? Que tipo de pessoa eu quero ser? O que não se pode deixar de ensinar aos filhos? São perguntas difíceis de serem respondidas nos dias atuais, quando tudo se torna intercambiável.

Outras características da sociedade contemporânea que dificultam a relação pais e filhos são: a ditadura da velocidade – "tudo se sucede em uma velocidade estonteante, o que vale hoje talvez nada valha amanhã" (La Taille, 2009, p. 37) – e o consumismo típico de uma sociedade na qual os bens não se herdam nem são adquiridos, mas são necessariamente consumidos.

Assim, os pais que trabalham de forma alucinada para "garantir a seus filhos aquilo que nunca tiveram" não têm tempo para eles. Sentem-se responsáveis pela felicidade dos filhos e não pela formação do seu caráter, o que implica trabalhar ainda mais para jamais frustrar os desejos dos filhos, porque eles "merecem o que de melhor o mundo possa lhes oferecer" e não podem se sentir inferiores diante dos colegas. Afinal, o objetivo é formar "vencedores", pois o mundo não tem lugar para perdedores, representados pelos pobres, pelas minorias, pelos que não têm os carros importados, entre outros "valores".

Outra forma fácil de observar a instabilidade dos valores na nossa sociedade é assistir à televisão. Quantas coisas que indignariam os pais de gerações anteriores e que, hoje, não os deixam mais chocados. Que bom que realmente estejamos caminhando para maior liberdade de expressão, entretanto, a liberdade completa não pode ser oferecida às crianças e aos adolescentes, pelo simples fato de que eles ainda estão em desenvolvimento e não têm como opinar ou escolher a respeito de determinadas situações ou fatos.

Então, em uma sociedade em que tudo pode e nada mais parece ser ou estar errado, ampliam-se as dificuldades. Essa condição, somada ao fato de que o maior objetivo da maioria parece ser a busca desenfreada por prazer, coloca os pais em situação de maior conflito ainda. A questão é que a felicidade e o prazer estão atrelados ao carro novo, à casa, às roupas de marca e até mesmo ao simples ato de comprar.

O tema do consumismo e da necessidade de que os pais se preocupem com uma educação econômica para auxiliar os filhos a não serem manipulados pela mídia e aprenderem a se organizar financeiramente no futuro necessitaria de uma discussão mais aprofundada[1].

Outra característica da nossa sociedade é a falta de tempo. Os pais e as mães trabalham. A velocidade caracteriza nossa comunidade. Mesmo as agendas infantis são abarrotadas de compromissos. Os pais têm consciência de que, em meio a toda essa correria, não ficam com os filhos. Então, sentem-se culpados de, nos poucos minutos que têm com eles, impor-lhes limites... Sentem-se culpados por mais uma viagem de trabalho e os compensam com presentes caros. Assim, o filho, quando encontra o pai, pergunta: "Trouxe o meu presente?". Falta tempo para a conversa, falta tempo para ficar junto, falta tempo para refletir sobre essa correria toda. Hoje em dia tem faltado tempo até mesmo para se ter filhos.

Por fim, a dificuldade em atribuir sentido à vida. Esse parece ser um dos traços mais fortes da sociedade atual, o que fica bem definido nas palavras do professor La Taille (2009), quando afirma, em seu livro *Formação e ética*, que uma forma de caracterizar bem o homem contemporâneo é a figura do turista. O turista é aquele que está de férias. Não tem compromissos nem com o tempo, nem com o espaço, nem com as pessoas do lugar que visita. Procura diversão e não quer responsabilidades. Está por ali só de passagem. Não fica quase nada. O tempo é curto e tem de cumprir um protocolo de visitas a todos os pontos turísticos, para sentir que passou por ali. Tudo automático, veloz e sem sentido.

Sayão (2003) afirma que a dificuldade que os pais apontam por titubearem em formar pessoas justas, respeitosas, solidárias, não consumistas – alegando que, se seus filhos forem assim, não sobreviverão nos dias de hoje – tem dois motivos principais. O primeiro diz respeito à ideia cada vez mais divulgada de que a felicidade implica aceitação social, e o segundo, que completa o primeiro, diz respeito à tendência de "educar os filhos para que eles tenham as melhores chances de vencer na vida" (p. 99).

A sociedade atual, segundo La Taille (2009), valoriza os vencedores e despreza os "perdedores", sendo que o "vencedor" não é aquele que alcançou uma boa posição social, ou um bom trabalho, mas sim aquele que, além de se dar bem na vida, se "deu melhor do que os outros". Ademais, não é exagerado dizer que os vencedores são reconhecidos por determinadas "marcas" (de carro, de roupas, de joias etc., ou o bairro onde se vive, o restaurante que se frequenta) que tornam visíveis o seu sucesso para os outros, e, desse modo, vale tudo para ser vencedor, inclusive, por exemplo, "atropelar" profissionalmente o outro para ter uma carreira meteórica.

---

[1] Sugerimos os estudos de Belintane (2010) sobre psicologia econômica e educação para o consumo, conforme referência no final deste capítulo.

Em resumo, embora mais liberal a respeito de atitudes e traços de personalidade, a sociedade atual sobrevaloriza os chamados "vencedores" e tende a comprometer seriamente a autoestima de todos aqueles que não conseguem tal lugar de destaque. Logo, muitos tendem a sonhar em ser "vencedores" e/ou "educar" seus filhos para que o sejam (La Taille, 2009, p. 173).

Obviamente que, para esses pais e mães que estão educando os seus filhos para serem "vencedores", educar implica valorizar bens, comportamentos, equipamentos, aparências, fama, carros luxuosos, roupas de grifes, entre outros exemplos. Sendo essa a hierarquia de valores dos pais, ensinarão aos filhos competências necessárias para alcançar esses valores, e, certamente, nesse currículo não entrarão virtudes como dignidade, respeito, justiça e solidariedade.

Educar é, portanto, cada vez mais um processo desafiador. Mas o desafio dessa sociedade deve ser considerado motivo para o investimento na educação: "porém é nas ambiguidades e paradoxos que ela deve intervir. É tomando lugar nos jogos de forças contraditórias que ela pode ter sucesso" (La Taille, 2009, p. 76). A dificuldade deve ser utilizada como justificativa principal para a transformação dessa realidade. Conforme as palavras simples e sábias de Sayão e Aquino (2006): "A família é responsável por transformar um filhote em um ser humano" (p. 43). Educar é humanizar.

É exatamente nesse contexto contemporâneo que a escola pode atuar como espaço privilegiado que é de convivência social. Segundo Piaget (2000): "se toda pessoa tem direito à educação, é evidente que os pais também possuem o direito de serem senão educados, ao menos informados e mesmo formados no tocante à melhor educação a ser proporcionada aos seus filhos" (p. 50). E quem são os profissionais que podem oferecer esse tipo de suporte aos pais? Aqueles que são especialistas e profissionais da educação, ou seja, os professores, já que em nossa sociedade não contamos com clínicas especializadas em orientação familiar, pelo menos não no sistema público de saúde.

A crise da autoridade

A autoridade do adulto para a criação e a educação das crianças é um aspecto extremamente pertinente à reflexão. Uma das principais queixas dos professores é que precisam lidar com a indisciplina dos alunos na escola, porque os pais não colocam mais limites na educação dos filhos e têm dificuldades de assumir a relação de autoridade com eles, ou seja, poucos são os que atuam como os adultos da relação (Caetano, 2008).

A relação entre pais e filhos é o espaço no qual a autoridade deve ser vivenciada no sentido mais exato e como uma característica natural: a criança e o jovem são "os mais novos" e não estão prontos para o mundo; portanto, precisam da ajuda dos "mais velhos" para crescer e se desenvolver.

Segundo Arendt[2] (2005), os pais assumem na educação dos filhos a responsabilidade ao mesmo tempo pela vida e desenvolvimento da criança e pela continuidade do mundo. A autora afirma que a criança é um novo habitante do mundo e não conhece nada sobre ele, e que, portanto, necessita ser introduzida nele aos poucos. Conforme suas palavras:

> Os pais humanos, contudo, não apenas trouxeram seus filhos à vida mediante a concepção e o nascimento, mas simultaneamente os introduziram em um mundo. [...] A criança requer cuidado e proteção especiais para que nada de destrutivo lhe aconteça de parte do mundo (p. 235).

A coerência do argumento de Arendt se sustenta na hipótese de que apenas a partir da modernidade se passou a considerar a natureza específica da criança e do adolescente. Para ela é contraditório que as mais elementares condições de vida necessárias ao crescimento e ao desenvolvimento da criança sejam negligenciadas, na medida em que a educação moderna acaba excluindo a criança do mundo adulto, sob o pretexto de respeitar a independência dela, e, dessa forma, a abandona na vivência de um mundo infantil.

Existem pelo menos duas formas de negar a própria autoridade na relação com os filhos. A primeira diz respeito àqueles pais que abrem mão da autoridade na ansiedade de não reproduzirem a educação autoritária que receberam. Hoje em dia, são raríssimos os pais que pensam em criar seus filhos conforme foram criados pelos próprios pais. Obviamente que as gerações anteriores abusaram tantas vezes da sua autoridade. A grande confusão está em que alguns pais confundiram e confundem educação com agressão, humilhação e coação. É possível, sim, educar e ter autoridade sobre os filhos sem precisar feri-los ou submetê-los a um tratamento desumano (Caetano, 2011).

Entretanto, a negligência é a pior estratégia a ser utilizada por um pai. Quantos pais se submetem ao desejo e às exigências dos filhos. Nas sociedades atuais, a autoridade tem sido substituída pelas celebridades (La Taille, 2010). Esse é um grande problema na educação das crianças. O que significa ser celebridade? Ter tudo o que quer (consumismo)? Fazer tudo o que quer (busca pelo prazer a qualquer custo)? Ser o mais famoso, o mais conhecido e o vencedor (individualismo)? Mas quanto tempo dura uma celebridade (relações descartáveis)?

---

[2] Hannah Arendt (1906-1975), filósofa e pensadora política, foi aluna de Heidegger, Husserl e Jaspers. Construiu uma obra considerável e reconhecida sobre a prática e a teoria política de nosso tempo, na qual a filosofia subjaz toda a sua produção. Segundo a autora, a modernidade implantou uma crise e mal-estar no mundo todo, e tal situação se manifesta de diversos modos, sendo a crise da educação um deles. Esse último tema é abordado neste trabalho, ao se apresentarem os argumentos da autora para fundamentar a questão da crise da educação, tão disseminada pelas abordagens de senso comum.

Esses são os valores divulgados e reivindicados como desejáveis, por isso, tão instáveis, pois a celebridade de hoje pode estar fora de moda amanhã; isso quando não se transforma em notícia de página policial.

É por isso que essa necessidade de os mais novos dependerem dos mais velhos é natural e explica a importância da autoridade. A autoridade do pai e da mãe é ou deveria ser natural, porque eles são "os adultos" da relação. Contudo, a autoridade também é uma necessidade política, econômica e social, pois o desamparo da criança trará consequências para ela e para toda a sociedade.

As crianças e os jovens criados sem contarem com os bons exemplos e a presença de um adulto, que os oriente, ouça, aconselhe, acompanhe, compreenda, defina limites e regras para o seu comportamento, têm grandes chances, conforme resultados de pesquisas sobre "práticas parentais", de vivenciarem problemas em seu desenvolvimento.

As práticas parentais podem ser entendidas como o conjunto de comportamentos singulares emitidos pelos pais no processo de educação ou socialização dos filhos, que levam a um resultado comum (Darling e Steinberg, 1993). Os estilos parentais podem ser entendidos como o clima emocional ou o contexto no qual as práticas parentais específicas são implementadas (Darling e Steinberg, 1993).

Portanto, as pesquisas que se desenvolveram a partir dos trabalhos de Baumrind foram organizando instrumentos e validando-os na medida em que cada estudo buscava investigar as relações entre as práticas parentais e outras variáveis.

Segundo Teixeira, Oliveira e Wottrich (2006):

> Em seu conjunto, os estudos sugerem que as práticas parentais de fato estão associadas a diversos indicadores de desenvolvimento psicológico e comportamental na adolescência, tais como autoestima, depressão, ansiedade, desempenho acadêmico, competência interpessoal, comportamentos agressivos, entre outros (p. 433).

Quanto aos resultados (Oliva, 2004) apontados por essas pesquisas que investigam estilos e práticas parentais, os autores afirmam que a tendência observada é que:

- Pais autoritários criam filhos: mais hostis e rebeldes, com pouca confiança em si mesmos, com problemas depressivos.
- Pais autoritativos criam filhos: com maior confiança em si mesmos, com melhor desempenho escolar, boas atitudes, boa saúde mental, poucos problemas de conduta.
- Pais indulgentes criam filhos: com problemas de conduta e abuso de drogas, com problemas psicológicos.

- Pais negligentes criam filhos: com problemas escolares, problemas de ajuste psicológico, muitos problemas de conduta e abuso de drogas.

Sugere-se, portanto, à escola estar atenta a essas questões. Conforme as palavras de La Taille (1996), "a escola é o lugar necessário à formação do futuro cidadão, pois corrige a educação familiar, cujo maior defeito é dar demais privilégios à criança" (p. 157). O professor tem condições de auxiliar a criança no processo de construção e vivência de boas regras de convivência, assim como de orientar a família. La Taille (1996) ainda afirma: "portanto, a verdadeira autoridade encontra-se no professor" (p. 157).

Segundo Arendt (2005), a educação humana tem esta dupla função de formar o ser humano que é a criança, que não se acha acabada, mas em estado de vir a ser, e formar um ser humano novo, ou seja, responsabilizar-se pelo novo que irrompe no mundo a cada nova geração. A responsabilidade dos educadores é dupla: auxiliar a criança a se desenvolver, protegendo-a do mundo, e também proteger o mundo da criança. A autora afirma: "Porém também o mundo necessita de proteção, para que não seja derrubado ou destruído pelo assédio do novo que irrompe sobre ele a cada nova geração" (p. 235).

Assim, uma boa questão para a escola é: depois de catorze ou quinze anos de permanência da criança na escola, que tipo de jovem ela entrega à sociedade? Da mesma forma, Sayão (2003) também chama a atenção dos genitores e dos educadores para a necessidade da revisão do modo de olhar para os adolescentes, que muitas vezes os veem apenas como sujeitos problemáticos e fonte inerente de conflitos. Conforme suas próprias palavras:

> Como os adultos que convivem com os adolescentes e têm com eles uma responsabilidade educativa podem mudar seu olhar para, assim, mudar o modo de tratar as situações que eles trazem? Primeiro, é preciso reconhecer que eles são a esperança de mudanças que nós não conseguimos – nem vamos mais conseguir – realizar por um motivo ou por outro (p. 112).

Muitos pais, especialmente no período da adolescência, caem no ledo engano de acreditar que seus filhos já estão prontos, educados e aptos para prosseguirem sozinhos. Sayão (2003) também discute a crise que a ausência da autoridade no mundo moderno provoca no adulto que educa:

> Importante é lembrar que, para impor limites, é preciso exercer autoridade. Desde o início do mundo moderno, vivemos a crise da autoridade, e não foi a escola – muito menos a família – que a originou. Ao contrário: pais e professores arcam com o fato. Assumir a autoridade sendo mãe, pai ou professor, portanto, não tem sido nada fácil (p. 51).

Os pais, as mães e os professores possuem a responsabilidade de amparar o jovem para que ele se desenvolva plenamente e possa trazer algo novo à sociedade. É papel do adulto compreender e reconhecer quanto a autoridade dos mais velhos é importante para o desenvolvimento pleno e saudável dos mais novos, fator que viabilizará ao mesmo tempo a possibilidade de renovação de toda a sociedade.

Ao discutir a dimensão educacional da construção dos limites e das regras, ou seja, do papel da autoridade diante da temática da educação moral, La Taille (1996) afirma que outro tipo de inversão de valores diz respeito à forma pela qual os adultos se adaptam ao mundo adolescente e infantil, ou seja, a sociedade pode ser atualmente denominada puericêntrica.

Esse primeiro problema se amplia quando esse adolescente, acostumado à liberdade e ao espaço que possui na casa dos pais, não busca se libertar do mundo das regras do adulto, pois, na verdade, esse mundo ficou infantilizado. Para ele, o sair de casa significa perder a liberdade e não alcançá-la. Assim, tais jovens não se incorporam no mundo do trabalho nem conseguem formar unidade familiar própria. Toda essa questão é ainda reforçada pelas dificuldades financeiras, sociais e econômicas do mundo atual, que acabam reforçando concretamente essa realidade psicológica.

Conforme as palavras de De Souza (2000):

> Há adolescentes que se acomodam a esse *status quo* infantilizado e não buscam superar as dificuldades. Em todos os casos, isso dificultará o desenvolvimento de uma nova identidade, fundamental para o desenvolvimento da personalidade nessa fase. [...] Os consultórios de psicoterapeutas recebem com muita frequência pacientes jovens, os quais necessitam menos de tratamento do que suas famílias, as quais não se adaptam ao novo *status* de seus filhos (p. 37).

A crise no processo da educação é em grande parte fruto da negação da autoridade por parte dos adultos: "na educação, essa responsabilidade pelo mundo assume a forma de autoridade" (Arendt, 2005, p. 234). Segundo a autora, a autoridade dos pais ou dos professores assenta-se na responsabilidade que assumem por este mundo.

A questão é que os pais de hoje vivem esse grande conflito de não saber exatamente por quais limites, valores e ideais pautarem suas intervenções educativas. Não sabem mais o que querem para os filhos. La Taille (1996) afirma que a moral humana tem de ser pensada em função da sociedade como um todo, e a vivência atual da modernidade, ou até mesmo da pós-modernidade, é a conservação de quase nada: a tecnologia transforma com rapidez os objetos mais modernos em sucatas. A educação moral é prejudicada pela dificuldade de os progenitores argumentarem com seus filhos sobre aquilo que consideram bom, correto e moral, uma vez que não sabem sobre esses princípios sequer para si mesmos (La Taille, 1996).

Os resultados das pesquisas de Caetano (2005, 2009) apontam para a necessidade explícita da educação moral das crianças, indicando que os pais, as mães e os professores entrevistados desconhecem as fases do desenvolvimento moral e por isso têm dificuldades tanto em definir seus objetivos ao educar quanto em fazê-los valer ao escolherem as intervenções concretas junto aos filhos e alunos. Portanto, a formação dos educadores é ponto de partida para que possamos retomar o nosso papel de autoridade enquanto educadores, fazendo a nossa escolha, conforme o convite que Arendt (2005) nos faz:

> A educação é o ponto onde decidimos se amamos o mundo o bastante para assumirmos a responsabilidade por ele e, com tal gesto, salvá-lo da ruína que seria inevitável não fosse a renovação e a vinda dos novos e dos jovens. A educação é, também, onde decidimos se amamos nossas crianças o bastante para não expulsá-las do nosso mundo e abandoná-las aos seus próprios recursos, e tampouco arrancar de suas mãos a oportunidade de empreender alguma coisa nova e imprevista para nós, preparando-as em vez disso com antecedência para a tarefa de renovar um mundo comum (p. 247).

Com esse mesmo parágrafo Arendt conclui o seu texto sobre a crise da educação. Utilizamos a propriedade das palavras da autora em relação a esta responsabilidade, para encerrarmos o assunto da crise da autoridade neste capítulo. Porém apontamos com consciência que, para bem formar crianças, adolescentes, alunos e alunas, é preciso ser uma autoridade que estabeleça com os mais novos relações de cooperação, pautadas na reciprocidade, no respeito mútuo e na troca de pontos de vista.

Consecutivamente, ser cooperativo com os mais novos significa cumprir o papel de "bons educadores": protegendo-os do mundo, até que se tornem adultos, e protegendo o mundo dos recém-chegados.

A falta de conhecimento

Não há quem questione o fato de que a educação das crianças e adolescentes é tarefa árdua e desafiadora para a maioria de pais e mães e professores. Alguns pais e mães recorrem a livros de autoajuda, outros se espelham nos seus próprios pais, o que nem sempre representa o melhor caminho. A maioria age de modo empírico, isto é, educa num processo de ensaio e erro. Nos dias atuais, as dificuldades parecem se multiplicar devido às transformações do mundo moderno, conforme já discutimos.

Caetano (2005) investigou pais e mães de crianças pequenas a respeito do que pensavam sobre o conceito de obediência e a educação moral de seus filhos[3]. Os aspectos mais relevantes encontrados a partir dos resultados da pesquisa foram: a questão da insegurança dos pais ao educar os filhos, o desconhecimento sobre as fases do desenvolvimento dos filhos e a consciência das consequências de suas intervenções. Assim, quando questionados a respeito do que pensam sobre o problema da desobediência infantil, os pais posicionam-se da seguida maneira:

- Alguns assumem com grande franqueza que resolvem o problema da desobediência dos filhos através de tentativas, ou seja, primeiro tentam dialogar com eles. Quando isso não dá resultado, afirmam castigar as crianças, negando-lhes temporariamente algo de que eles gostam, como, por exemplo, televisão, videogame, ou um brinquedo. Finalmente, quando nada disso resolve, afirmam que acabam resolvendo a desobediência com a agressão física, que não é reconhecida por eles dessa forma, mas como um ato que possui uma função educativa.
- Outros admitem que o diálogo é a melhor forma de solucionar as desavenças com os filhos. Todavia, dizem que não conseguem necessariamente pôr isso em prática, ou, mais do que isso, parece que suas palavras nem sempre surtem efeito. Então, quando as palavras não funcionam, afirmam que partem para os castigos e admitem que, quando os castigos também não obtêm sucesso, acabam agredindo as crianças. E realmente afirmam que existem ocasiões nas quais "as crianças pedem para apanhar".
- Há os pais que respondem que um bom pai deve punir os seus filhos, ou seja, o bom pai deve cercear o comportamento inadequado do filho, seja da forma que for, nem que tenha de falar mais alto, dar broncas, fazer ameaças e, se necessário, admitem até mesmo que optam pelos "tapas".
- Há também aqueles que admitem que o bom pai dialoga com o filho, buscando explicar as regras e ouvir as suas explicações para compreender o que a criança está pensando. Esses pais afirmam que é fundamental que se tenha a certeza da compreensão, por parte das crianças, das regras que estão sendo ensinadas por eles.

Em outra pesquisa realizada por Caetano (2009)[4] com pais e mães de adolescentes de 12 a 20 anos, podemos observar resultados similares. A autora realizou nessa investigação um mapeamento das concepções educativas dos pais sobre o tipo de relação que estabelecem com seus filhos adolescentes, pensando sobre os construtos obediência, respeito, justiça e autonomia. Essa pesquisa teve aborda-

---

3 Esse trabalho tem como fonte de dados a pesquisa intitulada: "Os conceitos morais de pais e mães de crianças pequenas: um estudo sobre a obediência", apresentado ao Instituto de Psicologia da Universidade de São Paulo, como parte dos requisitos para obtenção do título de Mestre, na área de concentração: Psicologia Escolar e do Desenvolvimento Humano, sob a orientação da professora Associada Maria Thereza Costa Coelho de Souza, do mesmo Instituto. Tal pesquisa encontra-se publicada: Caetano, L. M. O conceito de obediência na relação pais e filhos. São Paulo, Paulinas, 2008.

4 Esse trabalho tem como fonte de dados a pesquisa intitulada: "Pais, adolescentes e autonomia moral: escala de concepções educativas", apresentado ao Instituto de Psicologia da Universidade de São Paulo, como parte dos requisitos para obtenção do título de Doutor, na área de concentração: Psicologia Escolar e do Desenvolvimento Humano, sob a orientação da professora Associada Maria Thereza Costa Coelho de Souza, do mesmo Instituto.

gem nacional e contou com 860 pais representativos das cinco regiões do Brasil: Norte, Nordeste, Sudeste, Sul e Centro-Oeste. Portanto, pode-se dizer que a pesquisa apresenta as maiores dificuldades apontadas pelas famílias brasileiras para educar os filhos para a autonomia moral.

Os dados revelaram a boa intenção dos pais. Todos os itens que investigavam o julgamento dos pais a respeito da educação dos seus filhos apontaram para o fato de que os genitores têm grande interesse em que seus filhos se desenvolvam plenamente, tornando-se pessoas justas, respeitosas, dignas e responsáveis, e, por isso, suas representações a respeito de como deve agir um bom pai são bastante adequadas.

Por outro lado, os dados coletados também revelaram a grande dificuldade encontrada pelos pais para pôr essas boas intenções em prática. Pode-se afirmar que os pais e mães brasileiros não querem que seus filhos adolescentes sejam jovens submissos, apáticos e incapazes de terem suas próprias iniciativas, ideias, sentimentos e experiências. A questão é que, muitas vezes, as atitudes que revelaram tomar são inconsistentes e algumas vezes contrárias aos seus objetivos.

Portanto, a maior dificuldade encontrada pelos pais brasileiros para educar para a autonomia está na transformação dos seus desejos e objetivos, para com a educação dos filhos, em atitudes acertadas e coerentes que de fato promovam oportunidades reais aos adolescentes de construção da autonomia moral. Assim, pode-se dizer que os pais têm boa ideia sobre como deve ser um bom pai, porém não sabem como transformar esse desejo em realidade.

Em outras palavras, a principal dificuldade encontrada pelos pais diz respeito à temática das sanções. As respostas dos pais às questões que tratavam dessa temática demonstraram uma opção por caminhos inadequados para a construção da autonomia moral. Escolher bem as sanções diz respeito a como agir quando o filho ou filha está seguindo por um caminho que os pais não consideram correto, ou quando o jovem deixa de cumprir uma regra cujo princípio era inegociável.

Sabendo-se que a temática das sanções implica no construto da justiça, pode-se afirmar que, conforme os resultados dessa pesquisa, o maior impasse para a participação dos pais na formação moral dos filhos adolescentes diz respeito às questões de justiça.

Quando uma regra é descumprida, isso significa que uma sanção se faz necessária, e é função do adulto tomar alguma atitude para que o educando compreenda a legitimidade da regra e de algum modo restitua a autoridade dela. Quando o jovem deixa de cumprir uma regra e fica sem nenhum tipo de punição, o significado para ele é: essa regra não tem importância, não é legítima. Entretanto, conforme Piaget (1994): "existem pelo menos dois tipos extremos de regras e de autoridade: a regra devido ao respeito unilateral e a regra devido ao respeito mútuo" (p. 270).

Assim, quando a regra é devido ao respeito unilateral, a sua imposição se faz por meio da obediência, que conduz a heteronomia, mas, por outro lado, quando a regra é fruto de um acordo mútuo, adquirida pelo hábito da reflexão, da compreensão e da escolha, pautada nas relações de cooperação, garante-se a possibilidade do desenvolvimento da moral autônoma. Conforme a distinção apresentada por Piaget (1994), existe a teoria do dever e da obrigação moral e a do bem ou da autonomia da consciência. A primeira fundamenta-se na obediência à autoridade, a segunda, na obediência aos princípios de justiça.

A justiça, segundo a teoria piagetiana, é entendida como o sentimento moral responsável pelo equilíbrio das relações com os outros. Assim, é possível afirmar, a partir dos dados da pesquisa, que a relação entre pais e adolescentes não está devidamente equilibrada, especialmente para conduzir à formação de pessoas autônomas.

Desse modo, os resultados das duas pesquisas apresentadas anteriormente nos mostram que os pais não têm conhecimento sobre as fases de desenvolvimento moral dos seus filhos e sobre quais são as melhores estratégias para bem educá--los, segundo nos propõe a teoria do Juízo Moral de Piaget (1994).

Como esse aspecto do envolvimento e do tipo de relação que se estabelece entre pais e filhos é o fator mais importante para que a família seja um contexto positivo e favorável para aprendizagem, esses resultados nos levam a reflexões pertinentes a este capítulo.

Primeiro, precisamos apresentar mais um dado de pesquisa que nos ajudará a ampliar nossas discussões. Antes de relatarmos os dados resultados, apresenta-mos o Quadro 3.1 que traz a estatística descritiva das variáveis pesquisadas.

Quadro 3.1 - A amostra

Variável		N	%
Sexo	Feminino	683	79,4%
	Masculino	177	20,6%
Escola	Pública	471	54,8%
	Privada	389	45,2%
Número de filhos	1 filho	162	18,8%
	2 filhos	398	46,3%
	3 filhos	206	24,0%
	4 filhos	87	10,1%
	Mais de 4 filhos	7	0,8%

Variável		N	%
Renda familiar	Até 2 salários-mínimos	277	32,2%
	2-10 salários-mínimos	248	28,8%
	5-10 salários-mínimos	159	18,5%
	10-20 salários-mínimos	116	13,5%
	Mais de 20 salários-mínimos	60	7%
Escolaridade dos pais	Sem formação	193	22,4%
	Ensino:		
	- Fundamental	103	12%
	- Médio	279	32,4%
	- Superior	207	24,1%
	Pós-graduação	78	9,1%
Profissão	Liberal	80	9,3%
	Educação	164	19,1%
	Técnico	150	17,4%
	Baixa qualificação	154	17,9%
	Outros	312	36,3%
Estado civil	Viúvo	29	3,4%
	Casado	613	71,3%
	Divorciado	86	10,0%
	Solteiro	115	13,4%
	Amasiado	17	2,0%

Fonte: Caetano, 2009.

Conforme este quadro nos revela, uma das variáveis investigadas pela pesquisa de abordagem nacional de Caetano (2009) foi o tipo de profissão dos pais que participaram dela.

Os participantes apresentaram os seguintes percentuais para a variável profissão: 9,3% eram profissionais liberais, 19,1%, profissionais da educação (essa alta porcentagem da amostra se refere ao fato de que, como a pesquisa foi realizada nas escolas, todos os professores, coordenadores e diretores que possuíam filhos na faixa etária da pesquisa, 12 a 20 anos, foram convidados a participar), 17,4% eram profissionais técnicos, 17,9%, profissionais de baixa qualificação (por exemplo, empregada doméstica, porteiro, caseiro) e 36,3% estavam categorizados em outras profissões[5].

O resultado dessa variável é bastante importante para a temática da pesquisa. Esperava-se que os profissionais da educação oferecessem respostas mais evoluídas que os participantes das demais profissões, pois, por possuírem formação na

---
5 Entende-se que essa categoria "outros" não foi bem organizada por essa pesquisa, pois acabou assumindo profissões bastante diversas como: comerciantes, empresários, autônomos, vendedores, e inclusive desempregados foram computados por essa categoria.

área da educação, esperava-se que esses pais se mostrassem mais bem qualificados para a educação dos seus filhos. No entanto, houve significância estatística apenas em relação aos profissionais de baixa qualificação, que responderam diferentemente em relação às demais profissões.

A relação observada foi que os profissionais de baixa qualificação tendem a dar respostas com médias inferiores para os construtos respeito, justiça e autonomia, e respostas com médias mais altas para o construto da obediência, quando comparadas às respostas dadas pelos outros profissionais. A seguir, no Quadro 3.2, são apresentados alguns exemplos de assertivas que representam os construtos mencionados: respeito, justiça, autonomia e obediência.

Quadro 3.2 – Os construtos

Respeito
Um pai nunca deve confiar no filho.
Um pai não deve sempre justificar para os filhos as suas orientações.
Obediência
Uma boa ameaça costuma resolver uma desobediência.
Os filhos devem obedecer aos pais em todas as situações.
Autonomia
Cabe aos pais tomar as decisões pelos filhos.
Os filhos, quando autorizados pelos pais, devem ter suas próprias experiências.
Os pais devem ajudar os filhos a refletirem sobre suas ações em vez de lhes darem ordens.
Não se pode sempre ouvir os filhos.
Justiça
Quando o filho faz alguma coisa errada, o pai deve proibi-lo de fazer algo de que ele goste.
Os pais devem sempre contornar os erros dos filhos para não viverem brigando com eles.
Um pai deve sempre se autocontrolar para castigar seu filho.
Um pai pode punir fisicamente seu filho caso ele faça algo muito errado.

Fonte: Caetano, 2009

Entretanto, conforme mencionamos, não encontramos respostas consideradas mais evoluídas entre os 19,1% dos profissionais participantes da pesquisa, que eram pais e mães de adolescentes e também profissionais da educação, ou seja, professores, diretores, coordenadores. Isso nos mostra que a educação das crianças e adolescentes é de fato um grande desafio para a família, como também para os professores. Logo, é extremamente importante que as estratégias de culpabilização recíproca, escola *versus* família, sejam extintas.

Pensamos que esse seja um ponto importantíssimo para compreendermos a influência da família como contexto favorável ao processo de aprendizagem do aluno. Não podemos exigir da família um conhecimento que ela não tenha. Há dificuldades para bem educar as crianças e adolescentes das famílias brasileiras. Isso é um fato. Não cabe à escola reprovar a família, até porque, conforme verificamos no resultado da pesquisa, os professores também demonstraram as mesmas dificuldades.

Portanto, esse é mais um motivo para uma parceria, em vez de um processo de julgamento e culpabilização da família pelas dificuldades de comportamento na escola, pelas dificuldades de aprendizagens dos alunos, enfim, pela situação de fracasso escolar, presente há séculos na educação brasileira.

Para refletirmos sobre um segundo ponto importante, apontamos outros dados interessantes da pesquisa de Caetano (2009).

Há uma tendência bastante considerável em acreditar que as dificuldades econômicas e sociais influenciam a educação dos filhos. Para essa pesquisa (Caetano, 2009) houve significância estatística em relação à renda familiar dos participantes e suas respostas aos construtos. A maior parte dos participantes possuía renda média familiar, respectivamente: 32,2% possuíam renda familiar de até 2 salários-mínimos e 28,8%, entre 2 a 5 salários-mínimos.

Há ainda 18,5% dos participantes que afirmaram ter renda familiar entre 5 e 10 salários-mínimos, 13,5%, renda média entre 10 e 20 salários-mínimos e 7%, renda superior a 20 salários-mínimos. Conforme os dados estatísticos, houve significância estatística para as respostas dadas por cada extrato da amostra em relação aos outros extratos, assim como em relação aos quatro construtos.

A relação observada foi que, quanto menor a renda familiar, menor a média de respostas atribuídas para os construtos respeito, justiça e autonomia, e maior a média de respostas atribuídas ao construto da obediência. Por outro lado, os pais com renda familiar mais alta deram respostas com média mais baixa para a obediência e respostas com média mais alta para os construtos justiça, respeito e autonomia.

Portanto, os dados revelaram que há uma maior tendência de pais brasileiros que possuem baixa renda familiar (61% dos participantes) estabelecerem com seus filhos relações mais coercitivas, pautadas no incentivo à obediência, através do respeito unilateral e das sanções expiatórias. Para essa pesquisa, a renda familiar foi uma variável que influenciou a forma de os pais e mães do nosso país compreenderem a educação dos seus filhos.

Os dados dessa pesquisa foram consistentes com os dados da pesquisa de Lins-Dyer e Nucci (2007), realizada com participantes do Nordeste do Brasil sobre o impacto das classes sociais sobre as respostas de mães e filhas a respeito das suas concepções sobre controle parental. Os resultados da pesquisa demonstraram que filhas de classes sociais mais baixas percebiam que suas mães exerciam maior controle sobre elas que as filhas de classe média.

Coerentemente com os resultados da variável anterior, houve significância estatística em relação à formação dos participantes e suas respostas aos construtos. Os participantes apresentaram os seguintes percentuais para a variável formação escolar: 22,4% não tinham formação, 12% tinham Ensino Fundamental completo, 32,4% tinham Ensino Médio completo, 24,1% tinham Ensino Superior e 9,1% tinham formação em pós-graduação.

A relação observada foi que, quanto menos formação escolar, menor a média de respostas atribuídas para os construtos: respeito, justiça e autonomia, e maior a média de respostas atribuídas ao construto da obediência. Por outro lado, os pais com formação escolar mais completa deram respostas cuja média foi mais baixa para a obediência e respostas cuja média foi mais alta para os construtos justiça, respeito e autonomia.

Essa variável está muito atrelada à questão da grande necessidade de que os pais tenham mais conhecimentos para educar seus filhos. Até pouco tempo atrás, os pais e mães acreditavam na ideia de que a educação dos filhos poderia ser realizada mediante intuição, ou a própria vocação inerente à paternidade e à maternidade (Szymanski, 2007).

Embora a grande maioria dos pais não confie mais nessa ideia, poucos são os pais bem orientados a respeito da melhor educação a oferecer aos filhos. Sem formação escolar, sem acesso a leitura e ao conhecimento, a maioria dos pais educa seus filhos "conforme as lições da faculdade da vida", segundo relatos deles mesmos.

Logo, conforme já observado nas variáveis renda familiar e formação escolar, as quais também apresentaram diferenças significativas estatisticamente, existe uma dificuldade maior das classes mais baixas da sociedade brasileira em educar para a autonomia. Entretanto, outra variável analisada foi o tipo de escola que os filhos dos pais pesquisados estudam.

Em relação à variável tipo de escola, o resultado apresentado mostrou que os pais cujos filhos estudam em escolas públicas dão respostas com média mais baixa para os construtos respeito, justiça, autonomia, quando comparados à média das respostas dos pais cujos filhos estudam em escolas privadas para os mesmos construtos.

Obviamente, como bem sabemos, os pais brasileiros com condições econômicas mais favorecidas tendem a matricular seus filhos em escolas privadas. Os participantes dessa pesquisa estavam assim divididos: 54,8% tinham filhos estudando em escola pública ou eram profissionais da educação da escola pública e 45,2% tinham filhos matriculados em escola privada.

Desse modo, os resultados apontados levam a refletir sobre a importância de que um trabalho de formação para a cidadania seja de fato realizado e bem realizado pelas escolas públicas do nosso país. O compromisso que os educadores têm na escola pública ultrapassa os objetivos com as disciplinas de Matemática, Português, História, Geografia.

Finalmente, o último aspecto de reflexão que desejamos apontar diz respeito às variáveis da pesquisa de Caetano (2009) que não tiveram resultados com significância estatística. A primeira delas foi o estado civil dos participantes e a relação entre eles e as respostas aos construtos. Com relação a essa amostra, não houve comprovação de que pais divorciados, por exemplo, pensassem diferentemente sobre as relações de respeito, obediência, justiça e autonomia.

Existe uma tendência também, especialmente por parte das escolas, de culpabilizar as famílias pelos problemas de indisciplina das crianças. Dessa forma, os professores costumam afirmar que os filhos de famílias "problemáticas" ou "atípicas" costumam apresentar maiores dificuldades de convivência nos ambientes escolares (Sayão e Aquino, 2006).

Todavia, não é possível atualmente expressar uma característica única que descreva o conceito de família contemporânea, pois ela vem sofrendo cada vez mais transformações, influenciada por fatores de ordem social, econômica e até mesmo política. As mudanças são tantas e tão visíveis que não é raro que se fale hoje em desordem na família, crise na família e até desaparecimento da família (Roudinesco, 2003; Magalhães, 2008).

Dentre os fatores que transformaram e transformam o modo de ser família, encontramos: o incentivo à individualidade presente nos tempos atuais, a inserção da mulher no mercado de trabalho, o decréscimo do número de casamentos, as novas formas de conjugalidade, a diversificação dos arranjos familiares, o controle do tamanho da prole e do momento de procriação, entre outros (Nogueira, 2005).

Para Magalhães (2008), no entanto: "Os múltiplos arranjos familiares contemporâneos não eliminaram a lógica tradicional, nem a lógica moderna. Deparamo-nos, atualmente, com a coexistência de diferentes modelos ou mesmo com a presença de modelos híbridos" (p. 14).

Desse modo, é extremamente inadequado avaliar a família de determinado aluno como mal estruturada ou atípica. Conforme Wagner, Tronco e Armani (2011), "Estudiosos do tema assinalavam no início da década a necessidade de que tratássemos de *famíliaS* no plural, abandonando o termo no singular, pois não é possível que um único conceito dê conta dessa complexidade" (p. 19).

Outra variável para qual não se encontrou significância estatística em relação às respostas aos construtos foi a idade dos participantes. Verificou-se que 79,9% dos participantes tinham entre 30 e 49 anos. A última variável para a qual não se encontraram diferenças significativas estatisticamente foi a relação entre as respostas dos genitores e o número de filhos. Para essa amostra, pode-se afirmar que os brasileiros têm em média 2 filhos (46,3% da amostra). A ideia de que cada vez mais há a tendência dos adultos terem filhos únicos ou não terem filhos não se comprovou nessa amostra. Essa pode ser uma realidade de uma porcentagem pequena de pais brasileiros que compõem a classe média ou a classe alta deste país.

Com relação à ideia bastante disseminada de que a classe baixa continua tendo um número grande de filhos, também não se confirmou. Essa amostra contou com 32,2% dos seus participantes com renda familiar de até dois salários-mínimos, e o número de participantes com mais de 4 filhos para essa amostra representou apenas 0,8% dos pais pesquisados.

Estes últimos resultados foram apresentados para que possamos pensar no fato de que não é possível que a escola permaneça olhando para as famílias contemporâneas com preconceitos. Desse modo, retomemos, no destaque abaixo, conceitos já trabalhados anteriormente:

> Os professores parecem buscar nas novas organizações familiares o motivo para o insucesso escolar das crianças. Não se pode afirmar que as famílias monoparentais, ou de pais divorciados, ou de pais homossexuais, dentre tantas outras formas de configurações familiares contemporâneas, sejam desorganizadas, desestruturadas, dentre outros adjetivos inapropriados, pois, o que se apresentam, são novas estruturas familiares, coerentes com o contexto social, político e econômico deste tempo. "A forma como a família está configurada não explica o padrão de funcionamento no qual se estrutura" (Wagner, Tronco e Armani, 2011, p. 23).

Por outro lado, os professores também tendem a considerar o modelo de família ideal aquele cuja configuração pai, mãe e filhos consanguíneos é fator de garantia de estabilidade emocional, psicológica para os filhos. Isso representa um enorme erro, visto que constitui uma visão idealizada e preconceituosa da concepção familiar.

Pesquisas nacionais já revelaram que, independentemente de quem componha a família, a demarcação de fronteiras nítidas, que caracterizam as relações com hierarquias bem definidas e bons níveis de funcionamento e saúde familiar, tem sido uma dificuldade recorrente entre as famílias em geral (Wagner, Tronco e Armani, 2011).

O contexto familiar e sua influência no processo de aprendizagem dos alunos

O principal objetivo deste capítulo foi refletir sobre a influência do contexto familiar no processo de aprendizagem dos alunos. Assim, depois de discutirmos alguns aspectos que julgamos importantíssimos para a compreensão do contexto familiar contemporâneo e sua relação com a educação e a aprendizagem, resta-

-nos agora apresentar os desafios aos professores que anunciamos na introdução do capítulo. Entendendo como desafio a proposta de transformação e superação de alguns aspectos que nos impedem de viabilizar a educação de qualidade.

Nosso primeiro desafio: a construção de relações cooperativas entre escola e família. Sabemos que a escola não pode depender da família para bem realizar o seu trabalho, entretanto, conforme os resultados das pesquisas e as reflexões anteriormente apresentadas, quando a família participa do processo de aprendizagem dos alunos, os resultados colhidos no desenvolvimento da criança e do jovem são relevantes e devem ser considerados.

Mas como construir a parceria na relação escola e família? A resposta a essa questão é bastante complexa no plano concreto. As pesquisas revelam assimetria, complexidade e até mesmo a relação conflituosa entre a família e a escola, as quais muitas vezes se tratam como adversárias (Nogueira, Romanelli e Zago, 2000). Contudo, quando se pensa na educação enquanto um processo de humanização, cujo objetivo maior é formar cidadãos autônomos, as duas instituições, família e escola, são requisitadas para desempenhar o seu papel (La Taille, 2009b):

> Pessoalmente, creio que os conhecimentos de psicologia de que hoje dispomos mostram bem que, em se tratando de educação moral ou não, tanto a família quanto a escola desempenham papéis fundamentais, tanto cognitivos como afetivos e sociais, sendo, portanto, imperativo que haja complementariedade, cooperação e mútua ajuda entre as duas instituições para que a parceria escola/família se torne uma realidade (p. 11).

Para serem parceiros, escola e família precisam vencer alguns obstáculos nada simples de serem transpostos. O primeiro deles, e talvez o mais difícil, diz respeito à troca de pontos de vista. Sim, porque a relação entre escola e família é, antes de ser uma relação entre instituições, uma relação entre pessoas. Trata-se de uma relação entre pessoas que têm um objetivo comum: a formação de crianças e adolescentes.

Logo, quando as pessoas têm de encontrar soluções para problemas a serem resolvidos, a primeira questão que surge são os conflitos. Então, uma primeira opção se faz necessária: escolher se consideraremos os conflitos como grandes obstáculos, incômodos e que precisam ser eliminados, ou se percebemos os mesmos conflitos como espaço de discussão, reflexão e aprendizagem.

Quando as pessoas entendem os conflitos como situações perturbadoras, elas tendem a negá-los ou evitá-los e um dos modos mais fáceis e cômodos de fazê-lo é eliminando a convivência. Então, ao invés de parceiros, nos tornamos adversários. Por outro lado, se o conflito for percebido como oportunidade de aprender com o outro, de dividir conhecimentos, de partilhar dúvidas e de convivência em reciprocidade, as chances de parceria se ampliam enormemente (Horowitz, 2008).

Entretanto, para alcançarmos uma convivência de respeito mútuo, é preciso em primeiro lugar nos livrarmos de preconceitos. É bastante comum que a instituição escola classifique, julgue e avalie as famílias:

> Além dos pais que são "presentes" ou "ausentes" na vida dos filhos, uma outra terminologia aparentemente mais sofisticada passa a ser usada. Agora, há uma grande variedade de diagnósticos: famílias "desequilibradas", "desorganizadas", "neuróticas", "descentradas", "instáveis", "em dissolução", etc. (Sayão; Aquino, 2006, p. 101).

Certamente este não é papel da escola: reprovar os pais. Tampouco reprová-los fundamentando-se em preconceitos a respeito da organização familiar. Conforme os resultados das pesquisas sobre a relação pais e filhos no tocante às concepções educativas dos pais (Caetano, 2009), a família realmente vivencia algumas dificuldades para educar seus filhos nos tempos atuais. Entretanto, essa realidade não escapa à escola, já que a indisciplina, a violência, o desrespeito ao professor e aos colegas, o *bullying*, entre outros temas, têm estado constantemente presentes no contexto escolar.

A segunda questão importante para que a parceria entre família e escola se constitua de modo cooperativo é o diálogo. Logo, as reuniões de pais, espaços de encontros entre a família e a escola, precisam garantir voz e vez também às famílias. As reuniões normalmente são espaços nos quais os pais são chamados a ouvir recados e a análise dos docentes sobre o rendimento de seus filhos, todavia, poucas são as reuniões com oportunidades de diálogo entre a escola e a família.

Conforme a pesquisa de Garcia (2005), que investigou a reunião de pais como espaço de encontro entre a família e a escola, a autora afirma que as reuniões de pais:

> São espaços pouco explorados dentro do projeto de formação do professor.
> Espaços de concretização de preconceitos, onde se instala uma distância significativa entre os discursos sobre elas e suas práticas, mas onde, mesmo assim, pode germinar a cooperação.
> São espaços em que a escola muitas vezes ensurdece, sobrecarregada pelas pressões e frustrações que envolvem diariamente a equipe escolar.
> São espaços em que, por ficar no campo do conhecido daquele que fala, a escuta do outro (família), morada do desconhecido, fica ausente (p. 195).

Conforme a pesquisa de Caetano (2009), realizada no espaço de reuniões de pais, há uma tendência de que as escolas percebam o espaço da reunião de pais como um momento de "chamar a atenção" destes para as dificuldades dos filhos, e, especialmente, para os problemas de comportamento das crianças. Além disso, muitos professores costumam se queixar que os familiares que mais precisariam estar presentes nas reuniões são exatamente aqueles mais faltosos.

Segundo Caetano (2009), o acesso às escolas públicas foi mais difícil e demorado do que o acesso às escolas privadas. A pesquisadora realizou diferentes formas de contato com escolas públicas da cidade de Palmas (Tocantins) e Brasília (Distrito Federal), buscando espaço para a pesquisa, durante o período de um ano, sem sucesso. O mesmo aconteceu em uma escola pública no interior de São Paulo, que justificou para a pesquisadora que não poderia perder tempo na reunião de pais com pesquisas e palestras.

Em uma das escolas públicas pesquisadas por Caetano (2009), uma mãe veio se justificar com a pesquisadora a respeito da sua impossibilidade de participar do momento de formação, sempre proporcionado após a coleta de dados. Quando a pesquisadora afirmou que não tinha problema e agradeceu a participação da mãe na pesquisa, a mãe perguntou à pesquisadora se o seu filho poderia entrar na escola no dia seguinte. Como a pesquisadora demonstrou surpresa diante da pergunta, a mãe explicou que, quando os pais não comparecem à reunião, é regra da escola suspender os respectivos filhos-alunos da aula do dia seguinte.

Essas duas observações relatam a grande dificuldade que permeia a relação escola e família: no primeiro caso, a questão da informação, formação e conhecimento não é considerada importante pela equipe gestora da escola, e no segundo caso, a participação dos pais em um momento de formação está atrelada à possibilidade de deixar o filho sem aula, sendo o adolescente o punido pelo não comparecimento dos pais.

A pesquisa de Wagner, Sarriera e Casas (2009), que investigou a perspectiva das crianças, seus pais e professores sobre os direitos da infância, apresenta como resultado o fato de que os professores (brasileiros e espanhóis, conforme a amostra da pesquisa) avaliaram as tarefas educativas dos pais de maneira muito inferior à maneira que avaliaram a sua própria atividade como professores. Nas palavras dos pesquisadores:

> Observa-se aí um descompasso entre os dois contextos de aprendizagem. Parece que família e escola se enfrentam como se estivessem de lados opostos, quando os professores apresentam resultados mais elevados na autoavaliação de seu desempenho do que na avaliação da outra instituição a qual a criança também pertence (p. 126).

Quando pensamos sobre esses dados, percebemos que o diálogo não se faz presente. A escola infere do que pensa, faz, ou melhor, do que não faz, do que falha na família. Certamente, que, ao ouvir a família, as instituições escolares teriam melhores condições de compreensão do comportamento infantil, além de reais possibilidades de proximidade e trocas de pontos de vista.

Wagner, Sarriera e Casas (2009) também afirmam que o resultado de sua pesquisa aponta para a "necessidade de se estabelecer vínculos mais estreitos de comunicação entre a família e a escola, com o intuito de desenvolver e promover maior conhecimento entre pais e professores" (p. 126).

A última questão importante para que haja a real troca de pontos de vista entre a escola e a família é a iniciativa. Pensamos, então, que escola é a instituição mais preparada para dar o primeiro passo na constituição da parceria cooperativa com a família. A escola conta com os profissionais da educação e, desse modo, são os docentes que têm melhor formação e preparo para promover a proximidade com a família.

Então a fórmula que propomos é: enfrentar os conflitos como reais oportunidades de convívio, descobertas e trocas de experiências, promover o diálogo com a família e, finalmente, que a escola se proponha a dar o primeiro passo, o que significa se despir do preconceito e se despedir da estratégia de utilizar a família como resposta ao fracasso escolar.

> Logo, uma vez que a própria comunidade científica de pesquisadores é unânime quanto à relevância da contribuição da família, a escola que conta com os especialistas em educação, profissionais preparados e remunerados para a educação formal das crianças, necessita refletir sobre algumas questões: a participação da família é importante, mas a não participação da mesma, não pode ser justificativa para o fracasso escolar, assim como, a escola pode e deve realizar um trabalho de construção de parceria com a família, mas isso não implica em transformar imediatamente a família. Esse trabalho de transformação social é papel sim da escola, mas a longo prazo, e acontece quando a escola verdadeiramente assume o seu papel (Caetano, 2009, p. 53).

Entendendo que a parceria na relação escola família é uma condição importante para a formação plena das crianças e adolescentes, a escola deveria estar melhor preparada para acolher, formar e cooperar com as famílias. Infelizmente, os resultados da pesquisa de Caetano (2009) demonstraram que os professores não parecem estar preparados para esse processo, pois não houve respostas diferentes dos profissionais da educação em relação às práticas educativas morais estudadas pela pesquisa e os demais profissionais avaliados.

Consistente com os estudos de Paro (2000) a respeito da contribuição dos pais para a qualidade do ensino, o qual também apontou para o reconhecimento, por parte dos professores, de que não se sentem devidamente formados e preparados para a construção da parceria com a família.

Segundo Nogueira (2005): "se a família vem penetrando crescentemente nos espaços escolares, a escola também, por sua vez, alargou consideravelmente sua zona de interação com a instituição familiar" (p. 574). Todavia, embora pareça que os encontros entre escola e família sejam mais constantes, toda a literatura a respeito do tema afirma que tais momentos são permeados de dificuldades, fato admitido pelos próprios professores que se queixam comumente do despreparo, da ausência e principalmente do desinteresse dos pais pela vida escolar dos filhos.

Os pais, por outro lado, costumam afirmar que os horários em que tais encontros são propostos são inadequados, e tantas vezes inacessíveis. A maneira pela qual as reuniões são conduzidas nem sempre é adequada, conforme a experiência da D. Júlia, uma mãe que se sentiu constrangida em uma reunião, na qual, depois de ouvir uma palestra com termos incompreensíveis para ela, não lhe foi dada oportunidade de falar. Esse relato, apresentado por Althuon, Essle e Stoeber (1996), ilustra a vivência de experiências frustrantes, vexatórias e humilhantes, como quando, por exemplo, os problemas de uma determinada criança são expostos aos seus pais em frente a todo o grupo de pais e responsáveis da turma ou classe da qual faz parte essa respectiva criança.

O pesquisador Virgínio Sá (2001) apresenta dados interessantes acerca do envolvimento entre pais e professores. O autor aponta a existência de uma "duplicidade discursiva", ou seja, a família demonstra que possui preocupação e desejo de envolver-se com os assuntos escolares; por outro lado, os discursos dos educadores demonstram o interesse de que os pais participem das situações que acontecem fora dos muros da escola, como o auxílio nas tarefas de casa, o auxílio com prendas para as festinhas das escolas etc.

Os professores têm medo de que a família termine por invadir áreas que, segundo eles, não lhes pertençam, como, por exemplo: avaliação dos professores, definição de calendário e currículo escolares, entre outros. Assim, as possibilidades de participação que os professores oferecem aos pais são restritivas, ou exigem um conhecimento que os pais não possuem, acabando por afastá-los. Segundo Sá (2001), esse procedimento acarreta problemas aos genitores, porque "[...] ao recusarem as ofertas participativas que lhe são proporcionadas, arriscam-se a ser etiquetados como pais negligentes, inaptos e irresponsáveis, a quem pode facilmente ser imputada a culpa pelos eventuais insucessos dos seus educandos" (p. 87).

Parece que não há uma articulação entre as instituições que compartilham do objetivo de educar as crianças: família e escola. Polonia e Dessen (2005) afirmam que "vários autores têm discutido os diferentes mecanismos e estratégias de integração entre pais e escola, reconhecendo suas particularidades e apontando os pontos que favorecem e dificultam tal relação" (p. 16). Contudo, para as autoras, a primeira grande dificuldade está em definir o tipo de envolvimento que deve acontecer entre as duas instituições. Definir o tipo de envolvimento adequado é difícil, pois o termo abarca situações muito amplas de interação entre a escola e a família e também porque não é possível um único conceito de envolvimento quando se considera a diversidade de famílias e escolas.

Assim, para as autoras, existem cinco tipos de envolvimento entre os contextos familiar e escolar: obrigações essenciais dos pais (promoção do desenvolvimento integral da criança, por exemplo, os cuidados com a saúde); obrigações essenciais da escola (diz respeito às formas pelas quais a escola viabiliza a participação dos pais, como, por exemplo, a explicitação do funcionamento geral da escola); envolvimento dos pais em atividades de colaboração (refere-se a participação e colaboração dos pais em atividades extracurriculares, como organização de eventos); envolvimento dos pais em atividades que afetam a aprendizagem e o aproveitamento escolar em casa (o principal exemplo é o auxílio que os pais prestam aos filhos para que façam a "lição de casa"); envolvimento dos pais no projeto político pedagógico da escola (reflete a participação efetiva dos pais nas tomadas de decisões quanto às metas e aos projetos da escola) (Polonia e Dessen, 2005).

Mas será realmente importante a participação dos pais no desenrolar de um processo de ensino de qualidade para os alunos? Segundo os autores já citados anteriormente, depende do que se entende por participação. Afinal, algumas escolas acham que estão garantindo a participação dos pais quando os convidam para ornamentarem o pátio para uma festa comemorativa, ou quando os responsabiliza pela angariação de prendas para um bingo em benefício da escola, ou, ainda, quando são convidados para participar enviando uma colaboração mensal. Na verdade, segundo Carvalho (2008): "os professores assumem uma posição ambígua: desejam a ajuda dos pais, mas se ressentem quando esses interferem no seu trabalho ou questionam a sua autoridade" (p. 33).

Pensando, então, nessas dificuldades apontadas, segue o nosso segundo desafio, que acreditamos ser ainda mais complexo que o primeiro: transformar a escola em espaço de formação para a família. Segundo Piaget (2000, p. 50), em se remetendo às questões referentes ao direito à educação no mundo atual, a escola deve oferecer à família o direito de ser informada sobre o tipo de educação que ela proporciona aos seus filhos e, quem sabe, informada para que possa refletir sobre o tipo de educação que também ela – pais, mães e responsáveis – possa oferecer às crianças. Ainda segundo Piaget, a ideia é que a escola construa uma ligação com a família, de modo a possibilitar uma ajuda recíproca que garanta, inclusive, a divisão das responsabilidades.

Portanto, faz-se necessário reafirmar uma imprescindível consideração. Há que reconstruir o momento mais comum no qual se dá a intersecção entre as instituições escola e família: a reunião de pais. Isso significa, segundo Paro (2000):

> [...] uma postura positiva da instituição com relação aos usuários, em especial pais e responsáveis pelos estudantes, oferecendo ocasiões de diálogo, de convivência verdadeiramente humana, numa palavra, de participação na vida da escola. Levar o aluno a querer aprender implica um acordo tanto com educandos, fazendo-os sujeitos, quanto

com seus pais, trazendo-os para o convívio da escola, mostrando-lhes quão importante é sua participação [...] (p. 17).

Logo, trazer os pais para escola, trocar pontos de vista com eles, propor-lhes um espaço de formação. Mas que tipo de formação? Tratando-se da qualidade das interações dos pais com os filhos, o fator mais importante para que a família seja um contexto favorável à aprendizagem do aluno (Pascual, 2010), é importante pensar que, antes de qualquer coisa, a qualidade da relação escola e família é modelo de relação interpessoal para os alunos.

Ainda é importante dizer que a parceria entre escola e família, uma vez constituída, servirá para os educandos também como modelo de convivência cooperativa. "Logo para além de lições de moral que explicam e cantam as virtudes da justiça, da generosidade, da dignidade, da liberdade, por melhor que sejam, deve imperativamente haver uma 'vida social' na qual tais virtudes regulem as relações interpessoais" (La Taille, 2009, p. 257). Em tempos de crise na educação, crise de valores, crise da autoridade, crise econômica e social, e tantas outras dificuldades que os recém-chegados ao mundo (os filhos e os alunos) enfrentarão, a qualidade das relações é condição necessária ao desenvolvimento moral.

A escola é um espaço privilegiado para o desenvolvimento moral. Para La Taille (2009), "Escola é uma verdadeira usina de sentidos, sentidos de vida (ética) e de convivência (moral), e não há outra instituição social de que se possa dizer o mesmo" (p. 80). Entretanto, quando a escola reproduz, em suas relações, as estratégias de coação tão utilizadas pela família, inclusive aplicando-as contra a família, as dificuldades para formar para autonomia são ampliadas, e obviamente a relação com os alunos é de autoritarismo, e a relação com a família é de cobranças.

Mas como se pode ajudar a família a estabelecer boas interações com seus filhos? Certamente não é enviando uma maquete superdifícil para os pais fazerem com os filhos em casa, tampouco dando lições de moral nas reuniões de pais. Pior ainda, quando enviamos bilhetes para os pais para que resolvam os problemas de indisciplina da sala de aula, ou quando os chamamos à escola para dizer-lhes que são péssimos pais, pois seus filhos não aprendem e também dão muito trabalho na escola.

Szymanski (2007) afirma a necessidade do exercício de práticas educativas familiares numa perspectiva de formação, compreendendo que a troca e o diálogo entre pais, pesquisadores, educadores e outros profissionais podem ser de grande valia para o desenvolvimento da área educacional da família.

Mas por onde se pode começar um trabalho como esse? Conforme as palavras de Szymanski (2007): "a conscientização emerge como o ponto de partida para um trabalho de Educação para a Família. O primeiro momento de conscientização é o da dialética entre o vivido e o pensado na família e a ideologia nele embutida, transmitida, sem crítica, sem tradição" (p. 41).

O papel do educador nesse caso não é o de um terapeuta familiar. Essa não é absolutamente a sua função, tampouco se acredita que o educador tenha formação suficiente para se propor a esse tipo de intervenção junto às famílias.

A proposta é outra. Ao professor cabe o papel de oferecer aos pais oportunidades para discussão, reflexão e tomada de consciência. Nesse caso, os sujeitos da aprendizagem são os próprios familiares, e o professor será um promotor e facilitador desses momentos em que as famílias se reunirão para trocar experiências, dialogar, refletir, aprender e ensinar umas as outras através de suas próprias vivências, dúvidas, incertezas, pensamentos e sentimentos.

Conforme as palavras de Rios (2008): "Só aumentamos a cabeça quando nos abrimos para acolher o que outras cabeças pensam, vivem, criam. O olhar do outro alarga o meu. Daí a importância do diálogo entre a família e a escola, da convivência sadia, do trabalho realmente coletivo" (p. 10). Nada além de uma parceria fundamentada na "ampliação da cabeça", com um objetivo muito simples, mas absolutamente legítimo: como adultos, ajudar as crianças e adolescentes a se desenvolverem plenamente e, desse modo, tornarem-se novos adultos, aptos a apresentar à nossa sociedade e ao nosso mundo novidades interessantes que permitam a edificação e a construção de um espaço comum mais justo, digno, solidário, no qual as pessoas vivam bem.

Pensamos que a formação da família pode ser garantida na escola por medidas bastante simples, como, por exemplo, garantir, nas reuniões de pais, espaços para a família refletir sobre as representações que ela faz de si mesma, enquanto genitores, explicitando, dessa forma, o seu julgamento e pensamento sobre ser pai e ser mãe, assim como o que concebem como ideal de postura de educação para as crianças e como conjunto de valores que compreendem como constituintes da identidade de um bom educador.

Ajudar os pais a refletirem sobre o seu ideal de paternidade pode colaborar com a tomada de consciência a respeito de quais atitudes são tomadas em uma espécie de hábito, sem que estejam cientes de fato do resultado de suas intervenções para a educação das crianças. A grande maioria das intervenções dos pais em relação aos filhos busca apenas resolver o problema que causa o conflito, sem possibilitar às crianças e ou aos adolescentes oportunidades reais de reflexão sobre as suas ações.

O processo educativo se faz das interferências do dia a dia. Quando a escola promove essa oportunidade aos pais de pensarem as consequências das suas intervenções em relação às crianças, auxilia o processo educativo e a formação delas.

A proposta é de que os pais possam tomar consciência de seus problemas de convívio com as crianças, percebendo que, na maioria das vezes, as dúvidas e as dificuldades são comuns e que, portanto, a troca de experiência entre iguais, isto é, entre as próprias famílias, poderá auxiliá-los a não se sentirem desamparados, e ou despreparados, mas aptos para buscar novos caminhos e boas soluções.

Acreditamos que a escola possa auxiliar na sensibilização de pais e educadores para a necessidade do acompanhamento do desenvolvimento e do crescimento da criança em todos os aspectos, e não somente no aspecto escolar, a fim de que se possa construir em parceria e atingir o objetivo pleno da educação e do direito infantil: "propor o desenvolvimento da personalidade, das atitudes e das capacidades físicas e mentais das crianças até o máximo de suas possibilidades" (ECA, 1990).

Seria utopia pensar em uma relação de parceria entre escola e família fundamentada no respeito mútuo e na formação recíproca? Pensamos que, muito mais que utopia, o que de fato pode construir esse tipo de relação é o esforço, especialmente dos especialistas em educação, ou seja, os docentes. O caminho é árduo e implica acreditar em um objetivo difícil de ser alcançado: "encontrar um interesse real que possa levar cada um a compreender o outro, em particular a compreender o adversário" (Piaget, 1998, p. 133). Esse interesse real já existe: a formação plena de nossas crianças. O que nos falta é a disponibilidade de compreender o outro e lhe estender as mãos, unindo forças para a conquista desse interesse.

Considerações finais

Esperamos ter alcançado o objetivo desse capítulo que foi oferecer ao leitor dados de pesquisas, estudos e reflexões que lhe permitisse compreender melhor a influência do contexto familiar no processo de aprendizagem dos alunos. Por isso, desde o início tratamos das pesquisas que se debruçam sobre o estudo da relação escola e família.

Embora a necessidade da parceria entre a escola e a família seja uma novidade das últimas décadas no contexto educacional, sabemos que, mediante a compreensão do contexto atual da família, da escola e da sociedade, não há como negar quanto o contexto familiar pode favorecer ou não a aprendizagem do aluno.

A escola – como instituição responsável pela formação de cidadãos – possui melhores condições de assumir a iniciativa da construção da parceria com a família. Conforme Perrenoud (2000), uma das novas competências necessárias ao educador para bem ensinar é o "informar e envolver os pais". Segundo o autor, a parceria precisa ser o objetivo do educador, que deve mobilizar recursos cognitivos e metodológicos para nela investir:

A parceira é uma construção permanente que se operará melhor se os professores aceitarem tomar essa iniciativa, sem monopolizar a discussão, dando provas de serenidade coletiva, encarnando-a em alguns espaços permanentes, admitindo uma dose de incerteza e de conflito, e aceitando a necessidade de instâncias de regulação (p. 124).

Para que se inicie a construção da parceria, alguns obstáculos precisam ser transpostos, dentre eles, o preconceito, a culpabilização recíproca e a falta de compreensão. Assim, apontamos alguns aspectos da realidade familiar que julgamos importantes apresentar, para que a escola, onde se encontram os profissionais da educação, deixe, por exemplo, de utilizar a condição e a estrutura familiar dos alunos como desculpa e ou justificativa para o fracasso escolar dos alunos.

Destacamos a falta de conhecimento da família para educar os seus filhos, sendo que as pesquisas apresentadas revelaram que a família utiliza comumente estratégias empíricas e fundamentadas exclusivamente nas experiências "da vida" para educar as novas gerações. Por outro lado, o contexto social, intitulado pós-moderno, amplia as dificuldades para a educação dos recém-chegados ao mundo, por apresentar uma condição de relativização dos valores (La Taille, 2009).

A ausência ou crise da autoridade foi outro aspecto discutido e destacado neste capítulo, representando um desafio não só para a família, como também para a escola. As crianças e os adolescentes necessitam da presença e da atuação consciente do adulto para ampará-los e favorecer o seu pleno desenvolvimento.

Apontamos ainda a importância da qualidade das interações entre adultos e crianças como fator primordial de seu desenvolvimento, na família e na escola. Portanto, ressaltamos neste texto a importância da escola como espaço de desenvolvimento moral e ético, ou seja, espaço de relações sociais pautadas na cooperação, no respeito mútuo e na reciprocidade.

Então, propomos alguns desafios: a proposta de construção de relações cooperativas entre escola e família e a possibilidade de que a escola venha a ser um espaço possível de suporte, apoio, orientação e, talvez até, de formação para a família.

Referências bibliográficas

ALTHUON, B.; ESSLE, C.; STOEBER, I. S. *Reunião de pais: sofrimento ou prazer?* São Paulo: Casa do Psicólogo, 1996.

ARENDT, H. [1954]. *A condição humana.* Trad. de R. Raposo. Rio de Janeiro: Forense Universitária, 1995.

_____. [1964]. *Entre o passado e o futuro.* Trad. de M. W. Barbosa. São Paulo: Perspectiva, 2005.

ARIÈS, P. [1973]. *História social da criança e da família.* Trad. de D. Flaksman. 2. ed. Rio de Janeiro: LTC, 2006.

BELINTANE, M. A. *Pré-adolescentes ("tweens") – desde a perspectiva da teoria piagetana à da psicologia econômica.* 2010. Tese (Doutorado) Unicamp, Campinas, São Paulo. 2010.

CAETANO, L. M. *Autonomia, adolescência e a relação pais e filhos: escala de concepções morais.* 2009a. Tese (Doutorado) – IP/USP, São Paulo. 2009a.

_____. *Dinâmicas para reunião de pais*: construindo a parceria na relação escola e família. São Paulo: Paulinas, 2009.

_____. *É possível educar sem palmadas?* São Paulo: Paulinas, 2011.

_____. Escola e família: o que cabe a cada uma. *Presente: Revista de Educação,* v. 62, p. 26-29, 2008a.

_____. *O conceito de obediência na relação pais e filhos.* São Paulo: Paulinas, 2008.

_____. *Os conceitos morais de pais e mães de crianças pequenas: um estudo sobre a obediência na relação pais e filhos.* 2005. Dissertação (Mestrado) – IP/USP, São Paulo. 2005.

_____. Relação escola e família: uma proposta de parceria. CONGRESSO DE EDUCAÇÃO: MULTIFACES DA EDUCAÇÃO, 4º., 2003. São João da Boa Vista: São Paulo, *Anais...* São João da Boa Vista: São Paulo, 2003.

_____. Reunião de pais. *Jornal Todo Dia,* p. 2, 28 set. 2003.

_____. Sobre a relação escola e família. ENCONTRO NACIONAL DO PROEPRE, XX., 2003. Campinas. *Anais...* Campinas: Faculdade de Educação, Unicamp, 2003.

_____. (Org.). *Temas atuais para a formação de professores.* São Paulo: Paulinas, 2010.

CARVALHO, M. E. P. Escola e família: especificidades e limites. *Presente: Revista de Educação,* v. 62, p. 30-33, 2008.

CECCONELLO, A. M.; DE ANTONI, C.; KOLLER, S. H. Práticas educativas, estilos parentais e abuso físico. *Psicologia em estudo*, n. 8, p. 45-54, 2003.

COSTA, J. F. *O vestígio e a aura: corpo e consumismo na moral do espetáculo*. Rio de Janeiro: Garamond, 2004.

DARLING, N.; STEINBERG, L. Parent style as context: an integrative model. *Psychological Bulletin*, v. 113, n. 3, p. 487-496, 1993.

DE SOUZA, M. T. C. C. O adolescente e os mecanismos de defesa. In: SISTO, F. F.; OLIVEIRA, G. C.; FINI, L. D. T. (Orgs.). *Leituras de psicologia para a formação de professores*. Petrópolis, RJ: Vozes, 2000.

ECA. *Estatuto da Criança e do Adolescente*. Brasília: MEC, 1990.

GARCIA, H. H. G. O. *Família e escola na educação infantil: um estudo sobre reunião de pais*. 2005. Dissertação (Mestrado) – IP/USP, São Paulo. 2005.

FERMIANO, M. A. B. *Pré-adolescentes ("tweens") – desde a perspectiva piagetiana à psicologia econômica*. Tese (Doutorado) – FE/UNICAMP, Campinas. 2010.

HOFFMAN, M. L. Desenvolvimento moral. In: CARMICHAEL, L. *Manual de psicologia da criança*. São Paulo: EPU (ed. da Universidade de São Paulo), 1970. v. 9, (II). MUSSEN, P. (org. da ed. orig.); NETTO, S. P. (coord. ed. bras.), 1898-1975.

HOROWITZ, S. R. *Mediación en la escuela: resolución de conflictos en el ámbito educativo adolescente*. Buenos Aires: Aique grupo editor, 2008.

LA TAILLE, Y. A educação moral: Kant e Piaget. In: MACEDO, L. (Org.). *Cinco estudos de educação moral*. São Paulo: Casa do Psicólogo, 1996.

_____. *Formação e ética*. Porto Alegre: Artmed, 2009.

_____. *Limites*: três dimensões educacionais. São Paulo: Ática, 1998.

_____. *Moral e ética*. Porto Alegre: Artmed, 2008.

LA TAILLE, Y._____. Prefácio. In: *Dinâmicas para reunião de pais: construindo a parceria na relação escola e família*. São Paulo: Paulinas, 2009b.

LINS-DYER, T.; NUCCI, L. The impact of social class and social cognitive domain on northeastern Brazilian mothers' and daughters' conceptions of parental control. *International Journal of Behavioral Development*, v. 31, n. 2, p. 105-114, 2007.

MAGALHAES, A. S. Família contemporânea: novos arranjos e modos novos de intermediação. *Presente: Revista de Educação,* v. 62, p. 13-18, 2008.

MOREIRA, L. V. C.; BIASOLI-ALVES, Z. M. M. O olhar dos pais de camada média sobre a educação dos filhos. In: MOREIRA, L. V. C. (Org.). *Família e Educação*: olhares da Psicologia. São Paulo: Paulinas, 2008.

NOGUEIRA, M. A. A construção da excelência escolar. In: NOGUEIRA, M. A.; ROMANELLI, G.; ZAGO, N. (Orgs.). *Família e escola: trajetórias de escolarização em camadas médias e populares*. Petrópolis, RJ: Vozes, 2000.

_____. A relação escola-família na contemporaneidade: fenômeno social/interrogações sociológicas. *Análise Social*, v. XL, n. 176, p. 563-578, 2005.

NOGUEIRA, M. A.; ROMANELLI, G.; ZAGO, N. (Orgs.). *Família e escola*: trajetórias de escolarização em camadas médias e populares. Petrópolis, RJ: Vozes, 2000.

OLIVA, A. Desenvolvimento social durante a adolescência. In: COLL, C.; MARCHESI, A.; PALACIOS, J. (Orgs.). *Desenvolvimento psicológico e educação*. Trad. de D. V. de Moraes. 2. ed. Porto Alegre: Artmed, 2004.

OLIVEIRA, L. C. F. *Escola e família numa rede de (des) encontros*. Taubaté: Cabral Editora e Livraria Universitária, 2002.

PARO, V. H. *Qualidade do ensino: a contribuição dos pais*. São Paulo: Xamã, 2000.

PASCUAL, L. *Educación, familia y escuela: el desarrollo infantil y el rendimiento escolar*. Rosario: Homo Sapiens Ediciones, 2010.

PERRENOUD, P. *Dez novas competências para ensinar*. Porto Alegre: Artmed, 2000.

PIAGET, J. [1934] É possível uma educação para a paz? In: PARRAT-DAYAN, S.; TRYPHON, A. (Orgs.). *Piaget sobre a pedagogia*. Trad. de C. Berliner. São Paulo: Casa do Psicólogo, 1998.

_____. [1932] *O juízo moral na criança*. Trad. de E. Leonardon. 2. ed. São Paulo: Summus, 1994.

_____. [1948] *Para onde vai a educação?* Trad. de I. Braga. 15. ed. Rio de janeiro: José Oympio Editora, 2000.

POLITY, E. *Dificuldade de aprendizagem e família: construindo novas narrativas*. São Paulo: Vetor, 2001.

POLONIA, A. C.; DESSEN, M. A. Em busca de uma compreensão das relações entre família e escola. *Psicologia Escolar e Educação*, v. 9, n. 2, p. 1-16, 2005.

PORTES, E. A. O trabalho escolar das famílias populares. In: NOGUEIRA, M. A.; ROMANELLI, G.; ZAGO, N. (Orgs.) *Família e escola: trajetórias de escolarização em camadas médias e populares*. Petrópolis, RJ: Vozes, 2000.

RIOS, T. A. Escola e família: parceiras, sim; idênticas, não! *Presente: Revista de Educação,* v. 62, p. 5-10, 2008.

ROUDINESCO, E. *A família em desordem*. Trad. de A. Telles. Rio de Janeiro: Jorge Zahar, 2003.

SÁ, V. *A (não) participação dos pais não escola: a eloquência das ausências*. In: VEIGA, I. P. A.; FONSECA, M. (Orgs.). Dimensões do projeto político pedagógico. Campinas: Papirus, 2001.

SAYÃO, R. *Como educar meu filho*. São Paulo: Publifolha, 2003.

SAYÃO, R.; AQUINO, J. G. *Família*: modos de usar. São Paulo: Papirus, 2006.

SILVEIRA, L. M. O. B. A relação família e escola: uma parceria possível? In: WAGNER, A. (Col.). *Desafios psicossociais da família contemporânea: pesquisas e reflexões*. Porto Alegre: Artmed, 2011.

SINGLY, F. *Sociologia da família contemporânea*. Trad. de C. E. Peixoto. Rio de Janeiro: FGV, 2007.

SZYMANSKI, H. *A relação família e escola: desafios e perspectivas*. Brasília: Liber Livro, 2007.

TEIXEIRA, M. A. P.; OLIVEIRA, A. M.; WOTTRICH, S. H. Escalas de Práticas Parentais (EPP): avaliando dimensões de práticas parentais em relação a adolescentes. *Psicologia Reflexão e Crítica*, v. 19, n. 3, p. 433-441, 2006.

WAGNER, A. (Col.). *Desafios psicossociais da família contemporânea: pesquisas e reflexões*. Porto Alegre: Artmed, 2011.

WAGNER, A.; TRONCO, C.; ARMANI, A. B. Os desafios da família contemporânea: revisitando conceitos. In: WAGNER, A. (Col.). *Desafios psicossociais da família contemporânea: pesquisas e reflexões*. Porto Alegre: Artmed, 2011.

WAGNER, A.; SARRIERA, J. C.; CASAS, F. *Os direitos da infância: a perspectiva das crianças, seus pais e professores*. Porto Alegre: Nova Prova, 2009.

4

Escola e comunidade: o difícil jogo da participação

Alessandro Soares da Silva   Soraia Ansara

Escola e comunidade são elementos intimamente relacionados, porém configuram uma relação paradoxal, cheia de disputas e mal-entendidos que produzem reflexos desastrosos não só no processo educativo, como também na vida daqueles que atuam nesse cenário. Nesse quadro, entendemos que a educação não pode mais ficar limitada aos muros escolares. É necessário que o processo educativo não mais seja reduzido aos limites da escola, mas que passe a relacionar-se mais além de seus muros, passe a relacionar-se com o bairro, a comunidade, as famílias dos estudantes e com o seu entorno. No entanto, fazer essa passagem continua sendo um desafio bastante difícil. Escola e comunidade ocupam lugares que estão demasiado naturalizados, cristalizados dificultando os processos de mudança social.

Nesse sentido, lembramos que, ainda que a gestão participativa seja vista como um elemento importante para a mudança de um processo bastante enrijecido, ela, mesmo amparada pela Constituição Federal, no artigo 206, inciso VI, e na Lei de Diretrizes e Bases 9.394/1996, nos artigos 3, inciso VIII, e 14, pouco é aplicada na rede pública de ensino. E, quando a família deveria ser um dos agentes dessa gestão, o que se verifica é que a participação familiar no processo de ensino-aprendizagem continua distante. A ausência de uma gestão democrática-participativa aparece como um dos motivos que impedem uma aproximação da escola com a comunidade.

Ainda encontramos gestores que centralizam em si toda organização escolar de maneira burocrática, visando apenas a bons resultados quantitativos, eficácia e eficiência, ignorando o processo de formação de cidadãos atuantes na sociedade e prejudicando a efetiva aprendizagem dos estudantes. Vemos aí um modo de relacionar-se com um lugar e com o poder advindo desse lugar. Por outro lado, vemos também uma comunidade, famílias, sujeitos que atribuem à escola a quase totalidade do papel educacional. Têm para si a ideia de que é a escola que deve apontar e até mesmo decidir os rumos do processo.

Sua implicação no processo educativo, na maioria das vezes, restringe-se à preocupação com a existência de professores lecionando, e isso seria um dever do

Estado. Infelizmente, pouco se veem esses atores implicados na construção político-pedagógica da escola. A lógica autoridade da escola – expectativa de receber filhos educados em todos os âmbitos da vida – faz com que se estabeleça um certo grau de conforto que dificulta ações que alterem e mudem efetivamente essa dinâmica. E é nesse processo que centramos nossa reflexão.

Escola, comunidade e cidadania

Entre os temas emergentes da educação contemporânea encontramos a difícil parceria entre escola-comunidade, marcada ainda pela forma autoritária pela qual a instituição escolar se relaciona com a comunidade. Como já mencionado, a ausência de uma gestão democrática participativa aparece como um dos motivos que impedem uma aproximação da escola com a comunidade. Nesse sentido, buscamos apontar os fatores que impedem um trabalho articulado entre escola e comunidade, tendo como referência as contribuições de autores como Vitor Henrique Paro (1998; 2005) e José Carlos Libâneo (2005) e da Psicologia Política[1] analisando os aspectos micro e macrossociais presentes nas relações entre indivíduo e sociedade.

Quando falamos na aproximação da escola com a comunidade, ou mesmo na construção de uma parceria entre ambas, remetemo-nos aos desafios que essa relação suscita, sobretudo no que tange ao difícil processo de participação efetiva da comunidade no cotidiano da escola ou mesmo da escola no cotidiano da comunidade. Isso implica uma relação muito mais complexa que envolve o próprio processo de construção da cidadania. Entendemos a educação, como sugere Severino (1993), como mediação para a construção da cidadania, como contribuição para a integração de homens e mulheres no tríplice universo do trabalho, da simbolização subjetiva e das mediações institucionais da vida social. "É por meio da educação que se constroem seres humano-históricos, que transcendem a mera realidade natural e se formam como personalidades autônomas na convivência com outros cidadãos." (Paro, 2008, p. 1).

Fazer esta relação não é algo simples, pois, na atualidade, o termo cidadania vem sendo utilizado de maneira indiscriminada e, muitas vezes, pouco aprofundado. Paro (2008) enfatiza a necessidade de a educação ser considerada mediadora da humanização do sujeito. A esse respeito o autor assevera:

---

[1] Área da Psicologia que estuda os aspectos subjetivos dos fenômenos políticos e analisa os aspectos macro e microssociais do comportamento político. A partir de diferentes abordagens teóricas, essa área vem se dedicando ao estudo das relações de poder, da participação social e políticas públicas; das diferentes formas de racismos e xenofobias; das ações coletivas e movimentos sociais; da violência coletiva e social. Mais recentemente vem desenvolvendo estudos sobre análise de discursos e ideologias, de universos simbólicos e de práticas institucionais.

> Considerada como apropriação da cultura historicamente produzida, a educação se configura como a mediação que torna possível ao indivíduo fazer-se historicamente humano, a exemplo do que acontece com a própria espécie humana. Considerada a cultura como o conjunto de conhecimentos, valores, crenças, filosofia, arte, ciência, tudo enfim que é criado historicamente pelo homem como transcendência da mera necessidade natural, é por meio de sua apropriação (educação) que o ser humano se atualiza histórica e culturalmente, construindo sua personalidade histórica e diferenciando-se de sua condição estritamente natural presente no momento de seu nascimento. Educar-se é, pois, fazer-se humano-histórico. Mas se, como vimos, é na condição de sujeito que o ser humano se autocria como ser histórico e se é pela democracia que se garante a qualidade de sujeito como especificidade humana, temos que a educação só pode dar-se de forma democrática. Isso significa que o processo autenticamente educativo só se realiza com a aceitação do educando como sujeito (p. 5).

Nesse sentido, a escola precisa construir relações mais democráticas que incentivem a participação de todos os sujeitos que se relacionam com ela, sejam eles pais e responsáveis, professores, gestores, funcionários, bem como instituições que atuem no entorno da escola.

Isto implica reforçar a necessidade de uma educação que forme cidadãos ativos, participantes, capazes de julgar e escolher. A escola pode ser um espaço de veiculação da cidadania ativa, ou seja, um *locus* privilegiado de exercício da cidadania se promover relações mais democráticas. Como aponta Paro (2005),

> A democracia, enquanto valor universal e prática de colaboração recíproca entre grupos e pessoas, é um processo globalizante que, tendencialmente, deve envolver cada indivíduo, na plenitude de sua personalidade. Não pode haver democracia plena sem pessoas democráticas para exercê-la. A prática de nossas escolas está muito longe de atender ao requisito implícito nessa premissa. Dificilmente teremos um professor relacionando-se de forma consequente num processo de participação democrático da comunidade na escola se sua relação com os alunos em sala de aula continua autoritária. Se a escola, em seu dia a dia, está permeada pelo autoritarismo nas relações que envolvem direção, professores, demais funcionários e alunos, como podemos esperar que ela permita, sem maiores problemas, entrar aí a comunidade para pelo menos exercitar relações democráticas?
>
> É no processo pedagógico em sala de aula que se pode perceber com maior nitidez a manifestação de concepções e crenças autoritárias. [...] (p. 25).

Tais concepções e crenças parecem estar arraigadas na sociedade brasileira. É preciso lembrar que, de um lado, o Brasil é herdeiro de uma cultura política oligárquica – que vem desde a colonização – e autoritária, imposta durante o regime militar (1964-1985), que reprimia a atividade política reduzindo os direitos de cidadania ao longo de todo o regime e desejando fazer da educação um processo de doutrinamento alienante e não o fazer-se humano-histórico de que nos fala Paro

(2008). Isso evidentemente produziu reflexos nas instituições e em toda sociedade, inibindo a participação política e, por vezes, favorecendo atitudes submissas e conformistas no âmbito da vida social e política. "Uma sociedade autoritária, com tradição autoritária, com organização autoritária e, não por acaso, articulada com interesses autoritários de uma minoria, orienta-se na direção oposta à da democracia." (Paro, 2005, p. 19). De outro lado, o processo de democratização do país foi fundamental para despertar a necessidade de uma educação política que tivesse como horizonte a construção de uma cidadania ativa, como defende Benevides (2004). Segundo a autora, cidadania ativa é "aquela que institui o cidadão como portador de direitos e deveres, mas essencialmente participante da esfera pública e criador de novos direitos para abrir espaços de participação" (Benevides, 2004, p. 46).

Pensar a relação entre escola e comunidade implica discutir a cidadania atentando para a necessidade de a comunidade participar efetivamente do cotidiano da escola, indo além da participação – ou simples presença – em alguns eventos que envolvem a comunidade ou de algumas tarefas em tais eventos, ou seja, participando, sobretudo, dos processos de decisão da escola e da construção do projeto político-pedagógico[2].

A construção da cidadania democrática do ponto de vista da sociedade mais ampla exige o controle dos cidadãos sobre os governantes, como forma de proteção contra o poder arbitrário. Este "controle", segundo Cardia (1995), permite que "os cidadãos se sintam participantes da formulação das leis para que possam percebê-las como resultados das transações entre iguais e internalizá-los" (p. 38). O mesmo pode-se dizer da participação da comunidade na construção de uma escola democrática. É preciso que a comunidade participe e se sinta participante da formulação do projeto da escola, de modo que seus sujeitos atuem como cidadãos no sentido proposto por Milton Santos (1997), como indivíduos com capacidade de entender o mundo, a sua situação no mundo e, fundamentalmente, compreender os seus direitos para poder reivindicá-los. Romper com a apatia política gerada pelas experiências autoritárias é tarefa da educação política, campo amplamente estudado na Psicologia Política. Como nos adverte Benevides (1996), apesar de a cidadania ser, na atualidade, uma ideia em expansão, a ação política continua desvalorizada e "o cidadão pode ser visto apenas como o contribuinte, o consumidor, o reivindicador de benefícios individuais ou corporativos, e não do *bem comum*. E sequer o princípio constitucional de escola para todos consegue ser cumprido" (p. 1).

---

2 A participação pode se dar em diversos níveis ou graus. Participar vai, portanto, desde a simples informação, passando pela opinião, voto, proposta de solução de problemas e, fundamentalmente, na tomada de decisões, chegando até o acompanhamento e execução das ações. Nesse grau, a participação deveria gerar um sentimento de corresponsabilidade sobre as ações desenvolvidas na escola. Para isso, importa que os atores sociais envolvidos com a escola tenham conhecimento e clareza do sentido de responsabilidade que a participação encerra, assim como das formas possíveis de participação no interior de uma gestão democrática que lhes possibilite vivenciá-la.

A cidadania ativa passa por um processo educativo que permite ao sujeito constituir-se enquanto sujeito político, o que implica sua emancipação. Emancipar a si mesmo é um processo que depende, em parte, do cumprimento pela escola de sua função social, que compreende a socialização da cultura, a democratização da sociedade e, de modo mais específico, de sua função educadora, que é fazer com que o aluno aprenda e se desenvolva plenamente. Assim, como defende Paro (2008), "a educação, entendida como emancipação humana, precisa levar em conta a condição de sujeito tanto de educandos quanto de educadores. Daí que ela só pode realizar-se de forma democrática, [...]" (p. 1). Nesse sentido, Paro (2008) destaca que

> [...] o processo autenticamente educativo só se realiza com a aceitação do educando como sujeito. Este, como ser de vontade, só aprende se quiser. A consciência dessa característica da relação pedagógica deveria levar a escola básica a não se contentar em apenas passar informações ao estilo da educação "bancária" tão criticada por Paulo Freire (1975), mas tomar como sua função especificamente educadora levar o aluno a querer aprender. Para que isso aconteça, o ensino escolar precisa fazer-se democrático, ou seja, a motivação para o aprendizado deve ser intrínseca a ele, não se amparando em fatores extrínsecos, como o prêmio ou o castigo, até porque, educar-se é verbo reflexivo e quando alguém se educa, é porque concorda em educar-se. Portanto, o processo de fazer-se humano-histórico – necessariamente uma ação de sujeito, de autor – supõe a aceitação livre, autônoma, democrática.
>
> [...]
>
> Em termos organizacionais, os mecanismos autoritários de mando e submissão devem dar lugar a processos e dispositivos que favoreçam a convivência democrática e a participação de todos nas tomadas de decisão. Nesse sentido é que devem ser implementados os conselhos escolares, os grêmios estudantis e outras formas que favoreçam a maior participação de todos os usuários e o relacionamento mais humano e mais democrático de todos os envolvidos nas atividades escolares. (p. 5-6).

O que presenciamos nas escolas hoje está longe de favorecer a convivência democrática e a participação de todos nas tomadas de decisões. Para que tenhamos uma visão mais clara dos entraves que impedem a construção de relações mais democráticas, trataremos de apontar os fatores que têm dificultado a participação da comunidade na escola, analisando aqueles que se encontram no interior da escola, que Paro (2005) chama de **condicionantes internos da participação** e aqueles que ele denomina **condicionantes externos da participação da comunidade**.

Os **condicionantes internos e externos da participação da comunidade** podem ser entendidos, numa perspectiva psicopolítica, como aspectos microssociológicos e macrossociológicos, fundamentais para a compreensão de processos cotidianos da relação escola-comunidade na construção da cidadania ativa, como propõe Benevides (2004). No que tange aos condicionantes internos da participação, estes dizem respeito às relações de poder construídas no interior da escola. Relações estas que, como bem aponta Camino (2001), não se esgotam no confronto físico, mas possuem um aspecto simbólico:

> Poder-se-ia afirmar que as relações de poder, não só se desenvolvem no nível simbólico, mas que elas também participam da construção do meio simbólico onde se desenvolvem todas as formas de relação social, particularmente as relações políticas. E ainda mais, as relações de poder são a chave essencial para entender a construção de outros símbolos essenciais nas relações sociais cotidianas (p. 5).

Para esclarecer como estes condicionantes desfavorecem e/ou impedem a participação da comunidade na escola, o quadro, a seguir, destaca como eles se apresentam nas relações entre escola e comunidade:

Condicionantes internos da participação da comunidade	Condicionantes externos da participação da comunidade
• **Materiais:** dificuldades materiais e de utilização das estruturas da escola. • **Institucionais:** a hierarquia escolar e a burocratização da direção. • **Político-sociais:** os interesses dos grupos dentro da escola, que envolvem os conflitos de interesses de todos os envolvidos nela. • **Ideológicos:** o modo de agir e pensar da comunidade escolar que constituem as concepções e crenças.	• **Os aspectos econômico-sociais:** as reais condições de vida da população (disponibilidade de tempo, condições materiais e disposição pessoal para participar). • **Os aspectos culturais:** a visão das pessoas com relação à viabilidade e à possibilidade da participação. • **Os aspectos institucionais:** ou os mecanismos coletivos, institucionalizados ou não, presentes em seu ambiente social mais próximo, dos quais a população pode dispor para encaminhar sua ação participativa.

Paro (2005)[3], apontando os **determinantes materiais** e de utilização das estruturas da escola, trata das condições objetivas nas quais se desenvolvem as relações no seu interior. Pesam nesses determinantes as condições precárias de trabalho do professor, a inadequação de espaços para promover uma maior participação, a questão dos recursos e materiais, atualmente disponíveis, embora não haja a participação dos envolvidos na escolha dos recursos necessários, tampouco na discussão de como utilizar melhor tais recursos. Se nos anos 1997, como aponta a pesquisa de Paro, as escolas careciam de recursos, hoje elas recebem muitos recursos, mas boa parte deles não é utilizada por falta de planejamento.

Isso é reflexo de políticas públicas verticalizadas que confundem qualidade da educação com materiais disponíveis e que, não poucas vezes, quando entregues à escola, não possuem profissionais preparados para utilizá-los adequadamente. Isso

---
[3] A edição utilizada nesta referência é de 2005, mas a pesquisa de Paro foi realizada em 1997.

ocorreu, e ainda ocorre, com os laboratórios de informática que correntemente eram entregues às escolas e permaneciam fechados, tendo seu uso limitado a momentos isolados. Tais políticas não consideravam as necessidades reais da comunidade. O problema é que, ainda hoje, formulam-se, implementam-se e avaliam-se políticas que possuem aparência participativa em sua formulação, mas que, na realidade, são decisões tomadas em espaços que estão distantes da escola real.

Quando pensamos numa perspectiva proativa, as mesmas realidades adversas podem ser condição para tomada de consciência da realidade a ser enfrentada na busca da sua superação. É preciso, pois, a adequada instrumentalização dessas condições por parte dos atores sociais envolvidos no cotidiano da escola, quais sejam, alunos, professores, pais e gestores. Isso leva esses mesmos atores a sentirem-se insatisfeitos com a situação vivida, o que possibilita a tomada de consciência sobre problemas que são da escola e, por conseguinte, deles próprios. Quando essa tomada de consciência ocorre, esses atores podem vir a ter maior conhecimento e familiaridade, o que lhes permitirá posicionar-se, propor e participar ativa e efetivamente das decisões.

Paro (2005) faz uma divisão com relação aos determinantes no âmbito da escola e no âmbito externo. No aspecto macrossocial está toda sorte de elementos que dizem respeito à sociedade mais ampla, questões estruturais. No nível microssocial estão aqueles que dizem respeito à maneira como são construídas as relações entre os sujeitos no interior da escola e sua interface com a comunidade.

A hierarquia escolar e a burocratização da direção – que refletem a sua dimensão **institucional** – têm sido um dos maiores entraves para a participação da comunidade. A ausência de uma distribuição ou socialização do poder mostra claramente os mecanismos institucionais que afastam a comunidade da escola. A distribuição do poder inexiste. O diretor é parte de uma estrutura monárquica em que ele é o grande detentor do poder estabelecendo relações extremamente verticalizadas de mando e submissão. Seu poder não lhe é atribuído ou legitimado pela comunidade, é antes um poder outorgado pelo processo de seleção em concurso público que utiliza o critério absolutamente técnico para provimento do cargo. Não há eleição, e as esferas de participação, como os Conselhos de Escola e Associação de Pais e Mestres (APM), são, na sua maioria, tuteladas pelo diretor de escola.

> [...] o diretor aparece, diante do Estado, como o responsável último pelo funcionamento da escola e, diante dos usuários e do pessoal escolar, como autoridade máxima. Seu provimento apenas a partir de requisitos "técnicos", aferidos em concurso público, encobre o caráter político de sua função, dando foro de "neutralidade" a sua ação. [...] Por sua vez, a existência de mecanismos de ação coletiva como a Associação de Pais e Mestres (APM) e o conselho de escola, que deveriam propiciar a participação mais efetiva da população nas atividades da escola, parece não estar servindo satisfatoriamente a essa função, em parte devido o seu caráter formalista e burocrático. [...] (Paro, 2005, p. 45-46)

Vale lembrar que essa lógica centralizadora e nada participativa que orienta várias dinâmicas escolares, como a escolha/nomeação de um diretor, é, mais uma vez, fruto de políticas verticais que vão de encontro aos discursos pró-participação, autonomia e valorização das dimensões próprias de cada comunidade.

Os interesses dos grupos dentro da escola, que dizem respeito aos conflitos de interesses existentes entre todos os envolvidos nela, são, para Paro (2005), os condicionantes **político-sociais**. Neste aspecto, emerge toda ordem de interesses contraditórios e até mesmo antagônicos, bem como autoritarismos. Um exemplo dessas dinâmicas pode ser a greve de professores. Ainda que as greves pautem questões que, ao serem atendidas, melhoram a qualidade efetiva da educação, muitas vezes pais e comunidade entendem-na como uma atividade que os prejudica. Não ter aulas leva seus filhos outra vez a casa, desordena o cotidiano e revela o foco na presencialidade na escola, e não nas condições em que seus filhos e filhas encontram-se no espaço escolar. Em vez de a comunidade aliar-se aos professores, o que se vê muitas vezes é uma pressão que atende apenas ao interesse de quem governa e vê na greve um instrumento de balbúrdia, de irracionalidade, de falta de comprometimento com a educação. Curiosamente esse tipo de argumento nos recorda as premissas lebonianas do século XIX tão vivas em nossos dias. É a lógica do deslegitimar para permanecer, sendo a solidariedade uma característica de mentes menos evoluídas (Le Bon, 1921).

No que tange aos condicionantes **ideológicos** da participação, estão implicados os modos de agir e pensar da comunidade escolar que expressam, segundo Paro (2005), as "concepções e crenças sedimentadas historicamente na personalidade de cada pessoa e que movem suas práticas e comportamentos no relacionamento com os outros" (p. 47). É preciso atentar aqui para os elementos que podem facilitar a participação da comunidade, bem como para aqueles que dificultam e a afastam. Isso implica a visão que a comunidade constrói da escola e a visão que a própria escola constrói dos pais e responsáveis. A pesquisa de Paro (2005) aponta o que vimos presenciando no cotidiano da grande maioria das escolas públicas brasileiras: a visão negativa que se tem da comunidade, subestimando seus saberes, descaracterizando sua população proveniente das classes mais pobres, com base em opiniões generalizadas de que os pais ou responsáveis padecem das mais diversas carências – econômica, cultural e afetiva –, possuem baixa escolaridade e não têm interesse pelo desempenho de seus filhos na escola, além de julgá-los agressivos no trato com os funcionários da escola. Essa visão reforça a teoria das carências culturais tão difundida nos anos 1980 e 1990. Além de culpabilizar as famílias pelo fracasso escolar, atribuem o problema à desestrutura familiar, e não à incapacidade de organização pedagógica e de gestão democrática. Outro elemento que demarca esse conflito de interesses é a prática paternalista da escola, que, quase sempre, atua tutelando os atores sociais que não ocupam lugares politicamente empoderados[4], mas que, convenientemente, são mantidos em espaços sem **reconhecimento**, sem palavra ou mesmo com pseudopalavras que só servem para ludibriá-los e mantê-los próximos de modo a garantir a manutenção deles em seus cômodos lugares de poder senhorial (Rancière, 1996).

> ### Reconhecimento
>
> A filosofia e as ciências humanas contemporâneas têm debatido a noção de **reconhecimento** mediante o trabalho de diversos autores de distintas áreas científicas. Dentre estes se destacam Charles Taylor e Axel Honneth como os expoentes maiores do assunto. Contudo, o conceito de reconhecimento é usado na modernidade por Hegel com o objetivo de inverter o modelo hobbesiano de luta social. George Herbert Mead, ao usá-lo, defendeu a ideia de que o reconhecimento passaria por três tipos de relação: as primárias, fundadas no amor; as jurídicas, nas leis; e o trabalho, dimensão na qual os indivíduos demonstrariam seu valor para a coletividade. A partir da contextualização do papel do reconhecimento na filosofia hegeliana e da Psicologia Social de Mead, Honneth (2003) desenvolve a sua teoria crítica, na qual o conceito de reconhecimento ganha importância. Este é, segundo o autor, alcançado pelos indivíduos mediante a luta, o conflito, que permitem aos homens a possibilidade de atingir o amor, o direito e a dignidade. Honneth parte da proposição de que o conflito é intrínseco tanto à formação da intersubjetividade como aos próprios sujeitos. Honneth ainda destaca que tal conflito não é conduzido apenas pela lógica da autoconservação dos indivíduos, como pensavam Maquiavel e Hobbes, por exemplo. Para o autor, "Nas sociedades modernas, as relações de estima social estão sujeitas a uma luta permanente na qual os diversos grupos procuram elevar, com os meios da força simbólica e em referência às finalidades gerais, o valor das capacidades associadas à sua forma de vida" (p. 207). Trata-se, sobretudo, de uma luta moral, visto que a organização da sociedade é pautada por obrigações intersubjetivas. Para Honneth "São as lutas moralmente motivadas de grupos sociais, sua tentativa de estabelecer institucional e culturalmente formas ampliadas de reconhecimento recíproco, aquilo por meio do qual vem a se realizar a transformação normativamente gerida das sociedades" (p. 156). O autor pondera que o reconhecimento associa três formas de desrespeito: (1) aquelas que afetam a integridade corporal dos sujeitos e a

---

4 Por "lugares politicamente empoderados" entendemos lugares que se configuram como resistência ao poder, nos quais a comunidade é capaz de assumir o controle de seus próprios assuntos, de sua própria vida tomando consciência da sua habilidade e competência para atuar, criar e gerir.

> autoconfiança básica; (2) a denegação de direitos, que destrói a possibilidade do autorrespeito, à medida que inflige ao sujeito o sentimento de não possuir o *status* de igualdade; e (3) a referência negativa ao valor de certos indivíduos e grupos, que afeta a autoestima dos sujeitos.

Nessa linha, Paro (2005) denuncia que:

> [...] De um modo ou de outro, prevalece a impressão de que os usuários, por sua condição econômica e cultural, precisam ser tutelados como se lhes faltasse algo para serem considerados cidadãos por inteiro. Esse comportamento se reproduz também no processo pedagógico em sala de aula, onde a criança é encarada não como sujeito da educação, mas como obstáculo que impede que esta se realize.
>
> Diante dessa visão depreciativa da comunidade, muitos usuários se sentem diminuídos em seu autoconceito, o que os afasta da escola para não verem seu amor próprio constantemente ferido. Outros conseguem perceber o preconceito com que são tratados, o que pode contribuir também para afastá-los quando sentem que não há condições de diálogo com a escola. (p. 48).

Outro aspecto destes interesses antagônicos e que também diz respeito aos condicionantes ideológicos é a compreensão que se tem da participação. Para muitos educadores e gestores, a participação dos pais se restringe a sua presença em reuniões de pais e eventos festivos, ou mesmo a sua colaboração em alguns desses eventos. Infelizmente não se leva em consideração a importância da participação dos pais na elaboração do projeto político-pedagógico e nas decisões da escola. O fato dos pais questionarem as faltas excessivas de professores e reclamarem que seus filhos e filhas não estão aprendendo é visto como intromissão em assuntos que não lhes dizem respeito, ou que eles sequer têm conhecimento pedagógico para opinar, ou seja, sua participação é relegada à mera execução de tarefas pontuais.

> A questão da participação na execução envolve ainda uma importante contradição que parece comum no discurso dos que se põem contra a participação da população na gestão da escola pública. Trata-se da pretensão de negar legitimidade à participação dos usuários na *gestão* do pedagógico, por conta do aludido baixo nível de escolaridade e da ignorância dos pais a respeito das questões pedagógicas, ao mesmo tempo que se exige que os mesmos pais participem (em casa, no auxílio e assessoramento a seus filhos) da *execução* do pedagógico, quando o inverso pareceria o razoável. [...]
>
> O suposto, presente na fala de muitos diretores e professores, de que a população possui baixa escolaridade e desconhece o próprio funcionamento formal da unidade escolar não deveria servir de argumento para se afastar a escola da comunidade, com a alegação de que ela não tem condições técnicas de participar de sua gestão. Tal alegação supõe a redução da administração escolar a seu componente estritamente técnico,

quando a grande contribuição dos usuários na gestão da escola deve ser eminentemente política. [...] (Paro, 2005, p. 52; grifos no original)

No que tange aos **condicionantes da participação da comunidade externos** à unidade escolar, Paro (2005) aponta os de ordem **econômico-sociais** que se referem às condições de vida da população e a disposição da população em participar.

Aqui se encontra a problemática do tempo disponível para os pais participarem, já que trabalham o dia todo. Além disso, há a ausência de espaços apropriados para participação em reuniões mais ampla que a tradicional reunião de pais e mestres. Embora esses condicionantes não devam obstaculizar as possibilidades de participação, eles aparecem como um grande entrave. Em contrapartida, a escola não se empenha em propiciar horários alternativos que favoreçam essa participação. Participar é exercitar a cidadania, e isso é fundamental na e para a escola.

Dentre os condicionantes externos, os **culturais** também aparecem consolidando uma posição naturalizada da escola, segundo a qual a comunidade é passiva e desinteressada quanto à participação. A fraca participação da população na escola se deve à apatia, ao conformismo e à falta de vontade de participar. Essas seriam características inatas de uma população de baixa renda. Mais uma vez verifica-se um retorno ao mito da ignorância e da preguiça, atribuído àqueles que não compõem a elite dominante, pensante. Paro (2005) adverte que essa naturalização se contrapõe ao que observamos na organização de movimentos populares e nas lutas das classes subalternas, já que historicamente estas se organizaram reivindicando diversos direitos (Gohn, 2002). Outras pesquisas, já nos anos 1980 e 1990, como as de Campos (1983), Spósito (1984), Campos (1985) e Avancine (1990), na própria área da educação, se contrapunham à alegação de que as classes populares são desinteressadas. O que deve ser questionado é em que medida a escola pública favorece e incentiva a participação cidadã?

O autoritarismo exacerbado, quase sempre presente na relação da escola com a comunidade, acaba por produzir o medo de participar, de que seus filhos possam sofrer algum tipo de retaliação, caso suas famílias questionem as atitudes da escola.

Por fim, os condicionantes institucionais de participação nos remetem às relações que a escola estabelece com outras instituições do bairro em que ela está inserida. Em que medida a escola se articula com centros comunitários, associações de bairro, movimentos sociais para pensar as necessidades do bairro e as estratégias para a melhoria da qualidade de vida da população do seu entorno e também para reivindicar seus direitos na perspectiva de uma cidadania ativa?

Para enfrentarmos a essa questão, faz-se necessário incentivar a participação, já que esta não se dá espontaneamente, pois exige uma construção coletiva que resulta no exercício cidadão de que nos fala Benevides (2004). Tal participação deve favorecer a discussão sobre os mecanismos institucionais que viabilizem e "incentivem práticas participativas na escola pública. Isto parece tanto mais necessário quanto mais considerarmos nossa sociedade, com tradição de autoritarismo, de poder altamente concentrado e de exclusão da divergência nas discussões e decisões". (Paro, 2005, p. 46).

> **Participar** é um desafio que passa pelas motivações que mobilizam cada sujeito e cada grupo, e a escola pode e deve atuar de modo a promover em cada sujeito o desejo de constituir-se politicamente e de exercer a cidadania construindo a democracia participativa. Mas essa questão depende de como a escola assume sua função educadora, de como cada um e todos os atores sociais se posicionam diante dessa função e a entendem.

Na disputa que ainda hoje vemos viva nas escolas, há quem deseje manter um determinado *status quo* e veja na escola a instituição que tem por dever a execução dessa função, e outros que veem na escola a **função educadora comprometida com a autonomia do sujeito e a emancipação que permite a cada qual constituir-se cidadão**.

Escola, comunidade e educação para os Direitos Humanos

Ao discutirmos os fatores que impedem a participação da comunidade na escola, somos convidados a pensar tanto naquilo que a impede de realizar-se quanto nas possibilidades de superação desses entraves. Isso nos remete a pensar na construção de uma escola cidadã, como alguns autores têm defendido, o que nos leva a ampliar essa reflexão para uma educação para os Direitos Humanos.

Direitos Humanos e educação para os Direitos Humanos são temas bastante correntes nos últimos anos, mas ainda continuam sendo temas de difícil abordagem e muitas vezes periféricos. Tratar de direitos humanos na escola depende de mudanças nos processos educativos e do próprio processo formativo do professor. Para que se possa educar para os direitos humanos e/ou tratar de direitos humanos, faz-se mister (re)pensarmos aqui os processos dialéticos próprios de uma educação crítica (Libâneo, 2005).

Nesse sentido, a questão da cidadania e a escola como um espaço simbólico, um espaço de produção de sentidos que produz ou impede a emancipação dos sujeitos, são elementos que ainda hoje desafiam os estudiosos do cotidiano escolar. Isso implica enfrentarmos as bases produtoras de lugares minoritários que mantêm a lógica da exclusão, pois, como aponta Sodré (2005), "O conceito de minoria é o de um lugar onde se animam os fluxos de transformação de uma identidade ou de uma relação de poder. Implica uma tomada de posição grupal no interior de uma dinâmica conflitual" (p. 12). Na perspectiva de Silva (2007), recordamos que muitas vezes é a diferença, como um não valor, um defeito aos olhos de quem domina e que justifica a produção de lugares minoritários, pois

> ser diferente é ser necessariamente objeto de desqualificação, de depreciação, e, consequentemente, ocupar um lugar minoritário. Por lugar minoritário entendo um espaço ocupado por sujeitos que não possuem reconhecimento e possibilidade de uso da palavra. Não posso concordar com certas leituras que relacionam minoria com quantidade, visto que mulheres e negros, por exemplo, não são minorias numéricas, mas ocupam sim um lugar minoritário em uma sociedade marcada milenarmente por uma lógica patriarcalista, e que reconhece como detentor do poder apenas o homem. E não um homem qualquer. Reconhece como detentor do poder, como ocupante do lugar majoritário, capaz de nomear e normativizar, o homem branco, eurocêntrico, cristão e heterossexual. Diferir desse padrão é ocupar algum espaço mais ou menos minoritário, mas definitivamente minoritário (p. 3).

O mesmo vale para outros grupos que se encontram sistematicamente relegados a esses lugares minoritários, como é o caso das mulheres, dos povos indígenas, das pessoas que possuem algum tipo de necessidade especial e daqueles e daquelas que possuem uma orientação sexual discordante. Dito isto, é possível afirmar que a diferença pode funcionar como a justificação desses lugares, sempre marginais. São múltiplos os processos que produzem espaços marginais, pois estes decorrem de uma dialética da exclusão/inclusão (Sawaia, 1999), de uma realidade "[...] essencialmente contraditória e em permanente contradição" (Konder, 2000, p. 8). Para Sawaia (1999):

> A exclusão é um processo complexo e multifacetado, uma configuração de dimensões materiais, políticas, relacionais e subjetivas. É processo sutil e dialético, pois só existe em relação à inclusão, como parte constitutiva dela. Não é uma coisa ou um estado, é processo que envolve o homem por inteiro e suas relações com os outros. Não tem uma única forma e não é uma falha do sistema, devendo ser combatida como algo que perturba a ordem social, ao contrário ele é produto do funcionamento do sistema (p. 9).

A escola como produtora de desigualdades é uma realidade que se tem buscado superar em um Brasil historicamente marcado por processos excludentes, exatamente porque ela atuou como um instrumento de manutenção ideológica a serviço de uma lógica da dominação-exploração (Saffioti, 1987).

As fronteiras da desigualdade são amplas e ultrapassam os muros escolares, mas é dentro desses muros que se podem formar sujeitos cidadãos ou sujeitos subordinados, visto que entendemos cidadania como ação política proativa.

Muitas formas visíveis de desigualdades que incluem perversamente distintos grupos sociais em espaços marginais ganham força nos muros escolares. Não é à toa que a questão do *bullying* na escola, por exemplo, é um problema candente na atualidade. Estudantes que sofrem *bullying* são sujeitos que são/estão reconhecidos como ocupantes-sinônimos de lugares minoritários, sendo confundidos com o próprio lugar que lhes é atribuído socialmente. Portanto, quem ocupa um espaço marginal, ocupa um lugar diametralmente oposto ao lugar de poder que contém a capacidade de dominar e explorar (Saffioti, 2005). Tais lugares são frutos de construções sociais acerca de crenças e valores, da produção de papéis sociais naturalizados socialmente mediante processos de socialização primária e secundária a exemplo do que ocorre nas famílias e na escola (Heller, 2001; Berger; Luckmann, 2000; Silva, 2007). Tais lugares mais bem seriam "não lugares", lugares de invisibilidade, espaços desumanizados, nos quais direitos não são realizáveis. Na melhor das hipóteses, direitos reduzem-se a um "lugar minoritário" rigidamente controlado e às funções sociais a ele atribuídas dentro de uma lógica de dominação-exploração.

Superar essa lógica perversa, na qual a diferença não é vista como valor, e sim como justificante da desigualdade, passa pela inversão dessa situação. E isso implica o reconhecimento do outro como igual na diferença. O desafio do reconhecimento é uma chave para produção da mudança social necessária à cultura política contemporânea. Isso tem marcado muitas das tentativas de produção das políticas públicas para a inclusão, e não tem sido fácil de fazê-lo sem ações que passem por processos educativos, sejam eles formais, sejam informais. Desta feita, educação não pode ser sinônimo de escola ou escolaridade, mas sim de processos que entendem a própria escola como um espaço, um lugar que se produz diariamente a partir das dinâmicas da comunidade na qual está inserida. É nesse quadro que a educação para os direitos humanos se mostra estratégica, e pensar políticas de educação é necessariamente pensar políticas de educação em Direitos Humanos, pois, segundo Silva (2007),

> a Educação em Direitos Humanos é uma prática pedagógica comprometida com uma educação que é permanente, continuada e global; que busca inequivocamente a mudança social; que procura inculcar valores societais que revolucionem a vida cotidiana. Revolucionar o cotidiano passa por promover espaços de reflexividade nos quais educador e educando se permitem transformar coração e mente, se permitem transcender a mera formalidade da instrução e da transmissão de conhecimentos acabados e portadores de verdades absolutas. Educar em Direitos Humanos implica numa ação na

qual os atores e atrizes envolvidas no processo educacional se permitem compartilhar saberes e, sobretudo, reconhecer que a diferença não é sinônimo de desigualdade, mas o par da identidade (p. 4).

Tal reconhecimento transforma a ligação imediata entre diferença e igualdade feita no senso comum e que leva à conclusão equivocada de que diferente não é igual e, portanto, não faz parte da normalidade. Fazer parte da normalidade implica, muitas vezes, adaptação. Adaptação pode implicar abdicar de elementos que são próprios da história de cada sujeito, ou mesmo abdicar de participar mais ativamente de ações políticas que questionem certas formas de diferenciação, as quais permitem a produção de lugares minoritários que se opõem aos princípios da educação para os Direitos Humanos.

Infelizmente, a escola tem sido uma guardiã de lógicas perversas e isso precisa mudar!

Não se pode imaginar um sujeito emancipado, cônscio de seus direitos, que não seja participativo, que não se posicione ante a realidade. Para Martín-Baró (1996), por exemplo,

> A consciência é o saber, ou o não saber sobre si mesmo, sobre o próprio mundo e sobre os demais, um saber práxico mais que mental, já que se inscreve na adequação às realidades objetivas de todo comportamento, e só condicionada parcialmente se torna saber reflexivo [...]. A consciência, assim entendida, é uma realidade psicossocial, relacionada com a consciência coletiva de que falava Durkheim (1984). A consciência inclui, antes de tudo, a imagem que as pessoas têm de si mesmas, imagem que é o produto da história de cada um, e que obviamente, não é um assunto privado; mas inclui, também, as representações sociais [...] e, portanto, todo aquele saber social e cotidiano que chamamos "senso comum", que é o âmbito privilegiado da ideologia (p. 14).

Nesse sentido, para que a escola eduque para os Direitos Humanos, é necessário que ela incentive a participação política de todos os atores e atrizes envolvidos no processo educativo. No entanto, parece-nos que a participação política é um elemento figurativo nos processos educacionais, pois ela, aparentemente, gera um estado de insegurança tanto entre quem detém o poder, o professor, quanto em quem deveria estar subordinado ao saber, os pais e membros da comunidade. Essa realidade é decorrente de uma sociedade hierarquizada, absolutamente vertical e que justifica as desigualdades existentes no cotidiano escolar.

Nessa realidade não há espaço real à participação e, portanto, para sujeitos conscientes de seus direitos, capazes de exercer a cidadania e promover uma verdadeira educação para os Direitos Humanos. Nesse mundo, a escola, como apontou Althusser (1987), não passa de um aparelho de reprodução da ideologia dominante que detém o *lógos,* a palavra, e desfruta do controle oficial do saber; constitui-se como um aparelho que não abre espaço para posicionamentos que ponham em xeque o *status quo*. Contudo, a escola precisa tornar-se um "aparelho" a serviço de um Estado comprometido com processos inclusivos não perversos, capazes de contribuir para a formação de sujeitos emancipados e autônomos. Como disse Patto (1993), é preciso superar, ainda hoje, "as concepções críticas da escola que a veem apenas como instituição reprodutora da ideologia e das relações sociais de produção – ou seja, como instituição homogeneizante e totalmente determinada pela estrutura social e pela vontade estatal" (p. 120). A escola pode e necessita tornar-se um espaço educativo a serviço de um Estado que não se pretende guardião e mantenedor de um estado de coisas que vão de encontro à ideia de uma educação em Direitos Humanos. Ela, portanto, precisa estar aberta à diferença como valor, onde múltiplas identidades são possíveis e igualmente significativas.

Nesse momento, no qual se pondera acerca da relação entre escola, comunidade e educação para os Direitos Humanos, faz-se necessário refletir sobre o papel da escola e dos agentes que a compõem. Pensar a educação passa por definir a escola como um espaço educativo que tenha como premissas a educação continuada, a educação para a mudança e a educação compreensiva, mediante a qual se possa compartilhar e atingir tanto a razão quanto a emoção de modo a revolucionar o cotidiano alienado e alienante que domina a vida na escola (Heller, 1998).

> Como bem apontou Patto (1993), e parece ser este apontamento bastante atual, "A presença recente de Agnes Heller na psicologia educacional brasileira deve-se, certamente, a impasses de natureza teórica e metodológica que foram tomando forma, nesta área, no decorrer dos anos 1980. A partir do ingresso do **materialismo histórico** na literatura educacional brasileira, primeiro em sua versão althusseriana – que trouxe consigo **a concepção da escola como Aparelho Ideológico de Estado** – e em seguida em sua tradução **gramsciana** – que possibilitou a **crítica às versões não dialéticas do marxismo** (mais especificamente, à concepção reprodutivista da relação escola-sociedade) –, a pesquisa educacional de vanguarda passou por uma mudança de foco no estudo da escola: os estudos tradicionais, baseados no modelo experimental de pesquisa, que ora se detinham na investigação das características psicológicas dos alunos, ora em aspectos da formação e da prática profissional dos educadores, ora nos métodos de ensino e de avaliação da aprendizagem, via de regra em termos do estabelecimento de relações estatisticamente verificáveis entre dados empíricos referidos como variáveis dependentes e independentes, foram substituídos pela atenção à escola enquanto instituição inserida numa estrutura social marcada por relações antagônicas de classes. Essa mudança de foco pôs a pesquisa educacional às voltas com uma questão de método, até hoje mal resolvida" (p. 119-120).

No caso do presente texto, partimos epistemologicamente das contribuições de Heller para repensar as dinâmicas cotidianas que envolvem o espaço escolar.

Heller (1998; 2001) lembra-nos que, abstraída de seus determinantes sociais, toda vida cotidiana é heterogênea e hierárquica no que se refere aos conteúdos e à atribuição de valor e significação das atividades realizadas cotidianamente; espontânea, visto que a ação humana se dá de maneira automática e nem sempre reflexiva; econômica, uma vez que na vida cotidiana "pensamento e ação manifestam-se e funcionam somente na medida em que são indispensáveis à continuação da cotidianidade; portanto, as ideias necessárias à cotidianidade jamais se elevam ao nível da teoria, assim como a ação cotidiana não é práxis, baseia-se em juízos provisórios, é probabilística e recorre à ultrageneralização e à imitação" (Patto, 1993, p. 125). Nesse sentido, Patto (1993) considera que para Heller todas essas tendências são consideradas formas necessárias do pensamento e da ação na vida cotidiana, inclusive para a sobrevivência humana.

No entanto, mesmo necessárias à sobrevivência, elas não deveriam cristalizar-se para que, ao se transformarem em absolutos inamovíveis, não produzam a alienação que impede a individualização, pois retira do indivíduo o movimento e a reflexividade. A cristalização do pensamento e da ação produz a alienação da vida cotidiana. Para Patto (1993), "Pela coexistência e sucessão de atividades heterogêneas, a vida cotidiana é, de todas as esferas da realidade, a que mais se presta à alienação. Embora terreno propício à alienação, ela não é necessariamente alienada. O é em determinadas circunstâncias histórico-sociais" (p. 125).

Para tanto, a escola não pode permitir a cristalização do pensamento e da ação e o *locus* de um cotidiano alienante e conivente com processos produtores de lugares minoritários. Nesse caso, ela própria torna-se produtora e lugar minoritário, pois reduz sua própria função social à manutenção de lógicas dominantes e deixa de ser um lugar democrático, participativo, garantidor dos direitos de todo homem e mulher. O desafio, ainda hoje, é tornar-se um agente promotor da ruptura com qualquer compromisso com a manutenção de um pacto com o **princípio da harmonia** que impede a mudança social e a emancipação humana.

Assumir o elemento do contraditório é fundamental para que a diferença possa ser vista como uma faceta necessária da vida humana. A escola tem de abrir as portas ao dissenso, ao múltiplo. Ela não pode e não deve fechar-se a essas questões. Não pode e não deve silenciá-las nem permitir que as silenciem. Cabe à escola garantir os direitos humanos, e garanti-los é asseverar a participação de todos e todas para que todos e cada um constituam-se cidadãos autônomos, emancipados e capazes de exercer a ação e o pensamento como iguais e no espaço público, diferentemente de quem tenha o ocultamento como única possibilidade – falaz – de exercício cidadão.

A escola precisa assumir o papel de defensora do direito ao reconhecimento. Fazê-lo é tornar a escola um elemento polarizador de turbulências e conflitos, um agente de fermentação social da realidade, pois ela é e decorre de uma realidade complexa (dialética)[5], intersubjetiva e específica.

Essa ação passa por possuir a palavra, no sentido defendido por Rancière (1995), pois isso implica possuir reconhecimento, ocupar o espaço público de maneira igualitária e, dessa forma, não gerar uma posição que silencie. A escola muitas vezes é o espaço da negação da palavra, um agente que nomeia quem não tem voz e lhe impõe condições minoritárias. Atribuir a palavra é um ato político, e política é, nesse sentido, possuir a palavra, o *lógos* (Rancière, 1995). Quando a política destitui alguém da palavra, destitui do reconhecimento e atua com a força da polícia, atua como a polícia que enquadra segundo a lei, segundo a normativa daqueles que possuem a palavra. A essa forma de política, Rancière chama de *polícia*. A escola, não poucas vezes, tem atuado orientada por essa *política policial* que silencia e enquadra a diferença e destitui quem se encontra em um lugar minoritário da palavra e do direito à igualdade, sob o argumento oculto de que é diferente e, portanto, desigual, incapaz. Ao agir assim, ao enquadrar universalmente todos e todas segundo uma possibilidade hegemônica de visão de mundo, a escola, mesmo que fale, proíbe que a temática de Direitos Humanos componha o cotidiano escolar de modo a atuar sobre o coração e a mente dos membros da comunidade; impede que ela própria seja um espaço de reflexibilidade e de produção de espaços de resistência[6] de quem é cotidianamente silenciado.

Quando o tema dos Direitos Humanos é posto em pauta, emergem as dicotomias, os antagonismos e os desentendimentos que revelam a impossibilidade de uma ética discursiva que confira a todas e a todos um lugar igualitário. Ao debater essa questão e enfrentá-la sem escamoteio, a escola necessariamente terá de posicionar-se perante discursos universalistas, mas inigualitários, discursos[7] marcadamente autoritários e totalitários, que destituem o sujeito da palavra que garante o real reconhecimento igualitário, que atribui ao outro poder.

Quem ocupa os espaços de poder, que controla a norma e a vida dos sem-voz, que sobrevive das vantagens de uma relação de dominação-exploração (Saffioti, 1987), pode passar a vida inteira sem jamais ter se ocupado dessas questões, pois, ao ser aquele que nomeia sem ser nomeado significativamente por outros, não precisa se ocupar com qual é o seu lugar no mundo. Este já está dado, está defi-

---

5 Afirmar que a realidade é **complexa**, ou seja, dialética, é afirmar que ela não é mecânica, nem fixa, mas dinâmica, cheia de contradições; é **intersubjetiva** porque nela se articulam as relações entre diferentes sujeitos; e **específica** porque se organiza em função de uma vivência concreta que lhe é própria e que se configura também pela especificidade das pessoas envolvidas nas ações que tecem a vida cotidiana.

6 Lembramos que "Toda reação emocional negativa que vai de par com a experiência de um desrespeito de pretensões de reconhecimento contém novamente em si a possibilidade de que a injustiça infligida ao sujeito se lhe revele em termos cognitivos e se torne o motivo da resistência política" (Honneth, 2003, p. 224).

7 A sociedade patriarcal, branca, heterossexual, culta, cristã, eurocêntrica e rica produz discursos que visam justificar a posição social atribuída por ela própria àquelas e àqueles que ocupam os lugares minoritários por ela normatizados.

nido, garantido e protegido por um numeroso aparato ideológico entre os quais figura a escola. Transformar o mundo da vida cotidiana, revolucioná-la, equivale a, como aponta Agnes Heller (2001), dar visibilidade, tornar público "[...] os grandes eventos não quotidianos da história [que] emergem da vida quotidiana e eventualmente retornam para transformá-la". Não se pode esquecer que "A vida rotineira é a vida do indivíduo integral, o que equivale a dizer que dela participa com todas as facetas de sua individualidade" (p. 71). Em meio à rotina, a escola pode e deve ser um instrumento de libertação, de desalienação e de produção de consciência política (Silva, 2007). É na vida cotidiana (no dia a dia da escola) que são empregados pelo indivíduo "[...] todos os seus sentidos, todas as suas capacidades intelectuais, suas habilidades para manipular o mundo objetivo, sentimentos, paixões, ideias e crenças" (Heller, 2001, p. 71)[8].

Nesse processo, a escola não pode furtar-se e posicionar-se como se fosse neutra, ou mesmo como se tratamentos desiguais ocorressem apenas fora de seus muros, como se a vida nela vivida fosse diferente daquela que vivem seus atores e atrizes antes e depois do horário escolar.

> A Escola se constitui na e para a comunidade, sendo ela própria um direito conquistado pela comunidade que deve compartilhar ativamente seus rumos e destinos.

A escola deve formar para a cidadania e, para isso, ela deve dar o exemplo. Formar para a cidadania implica rupturas com estruturas cristalizadas; compromisso com a educação para os Direitos Humanos; reconhecer a comunidade na qual está inserida e segundo a qual é capaz de produzir seus sentidos e significados.

A educação para os Direitos Humanos necessita, assim, de uma gestão democrática[9] da escola, a qual é um passo importante no aprendizado da democracia, pois a escola não tem um fim em si mesma, mas está, como já foi dito, a serviço da comunidade. Portanto, perguntar-se sobre os sentidos e as consequências de estar em um lugar no mundo identificado com o poder é dever de educadores e educandos, e a escola é esse espaço legítimo de reflexão e exercício cidadão. Bordignon e Gracindo (2002) recordam que

---

8 Vale recordar que a vida cotidiana para ser revolucionada necessita sofrer rupturas. Sem isso, a revolução será "algo incompleto se deixar intactas as estruturas básicas da vida cotidiana. Esfera da reprodução individual, a vida cotidiana é vista como território de estruturas antropológicas elementares que podem ser invocadas contra a naturalização da história; enquanto complexo de atividades estritamente ligadas, que subjazem à rede das instituições mais especializadas, exige uma revisão da relação 'estrutura/supra-estrutura'" (Patto, 1993, p. 122).

9 Bordignon e Gracindo (2002) afirmam que a gestão democrática deve se amparar num paradigma emergente que tenha como característica básica uma concepção dialética da realidade, o entendimento de que existe uma relação intersubjetiva entre sujeito e objeto do conhecimento e que entende o homem como sujeito histórico que sofre os condicionantes da realidade, mas que é capaz intervir nela. Nessa perspectiva de organização e gestão escolar, atores sociais, como diretores(as), coordenadores(as), professores(as), pais, estudantes etc., são sujeitos ativos do processo, sendo a participação e a autonomia dois dos princípios básicos da gestão democrática. Uma gestão democrática deve buscar meios de garantir o envolvimento da comunidade no processo educativo, enfrentando os limites que a realidade, marcada pela contradição e por antagonismos, impõe.

o poder não se situa em níveis hierárquicos, mas nas diferentes esferas de responsabilidade, garantindo relações interpessoais entre sujeitos iguais e ao mesmo tempo diferentes. Essa diferença dos sujeitos, no entanto, não significa que um seja mais que o outro, ou pior, ou melhor, mais ou menos importante, nem concebe espaços para a dominação e a subserviência, pois estas são atitudes que negam radicalmente a cidadania. As relações de poder não se realizam na particularidade, mas na intersubjetividade da comunicação entre os atores sociais. Nesse sentido, o poder decisório necessita ser desenvolvido com base em colegiados consultivos e deliberativos (p. 151-152).

Infelizmente, muitas pessoas nunca se perguntaram se estão certas na forma como tratam os outros, se suas avaliações pautadas em estereótipos e estigmas não estão disseminando preconceitos e práticas discriminatórias, racistas, homófobas, etnocêntricas e sexistas. A escola, quando abre suas portas à educação para os Direitos Humanos, está fomentando o diálogo entre sujeitos que começam se reconhecendo desde posições não poucas vezes antagônicas e terminam se reconhecendo como diferentes sim, mas nem por isso menos iguais, menos dignos ou menos legítimos em seu exercício da palavra. É preciso que a escola se construa enquanto um espaço igualitário que combate cotidianamente discursos inigualitários. Ferir direitos é desumanizar, é privar esses sujeitos de reconhecimento de sua humanidade.

E nessa lógica vemos a difícil relação entre escola (tradicional) e comunidade. A comunidade ocupa lugares minoritários, inigualitários e tem dificuldades de reconhecer-se como parte necessária da escola, visto que esta deveria servi-la, e não impor-se a ela. A participação na gestão da escola é um limite para a comunidade quando esta é reconhecida não como igual, mas como uma parte desprovida de poder/saber, o qual é próprio da escola/professorado. A participação passa a ser algo impensável e, quando pensado, dependente de condições inalcançáveis. A participação que poderia proporcionar um melhor conhecimento do funcionamento da escola e de todos os seus atores acaba não passando de um discurso fictício, em que a comunidade tem lugar desde que não ponha em xeque a lógica de poder vigente. De certo modo, a comunidade, destituída de poder, de reconhecimento, com sua sabedoria negada pela lógica dominante recorrentemente, cai numa lógica fatalista, que garante a manutenção de um *status quo* que não permite a emancipação. Ansara e Dantas (2010) recordam que

o fatalismo, portanto, é um esquema ideológico, que se origina nas estruturas sociopolíticas e se enraíza psiquicamente, garantindo desse modo a reprodução da dominação social e a manutenção da ordem estabelecida. É um valioso instrumento ideológico que favorece as classes dominantes, visto que induz à aceitação da realidade social, gera comportamentos dóceis e estimula a resignação diante das exigências da vida. A concepção fatalista transforma os acontecimentos sociais em fenômenos naturais cuja alteração é improvável (p. 97).

A educação em Direitos Humanos é uma estratégia de subversão dessa lógica, mas depende de mudanças efetivas que, como diz Heller (1982), "Espero que as mudanças não ocorram nos escritórios dos burocratas, mas no interior de novas comunidades" (p. 20). A educação para os Direitos Humanos poderá propiciar um contato permanente e baseado no reconhecimento igualitário/diferente entre professores, estudantes e comunidade, o que levará ao conhecimento mútuo e possibilitará aproximar as necessidades de estudantes dos conteúdos ensinados por seus mestres, e estes da comunidade de onde provêm.

Relacionar-se com o diferente que não é desigual é abrir espaço para uma verdadeira formação democrática, é ocasião de radicalizar a democracia. Conviver com colegas que são amarelos, vermelhos, negros e brancos, que são eroticamente orientados ao mesmo sexo ou ao sexo oposto, ou que ainda tenham uma identidade de gênero diferente daquela anunciada pelo seu corpo biológico, que provenham de classes sociais diversas e com pais com escolaridades variadas, é importante para se construir relações marcadas pelo respeito.

Fazer da escola um espaço no qual a educação para os Direitos Humanos seja uma realidade passa por revolucionar valores que aproximam pessoas e não destacam a diferença entre sujeitos como demarcação da distância "segura" que deve separá-los para que não sejam confundidos com o outro. Fazer isso é uma ação cotidiana para superar machismos e virilismos que oprimem meninos e meninas, para superar lógicas de destituição da legitimidade segundo o *status* social ou a formação que cada qual possui etc., e permite que se reproduzam lógicas de "senhor e escravo" que anunciam supostas superioridades que hierarquizam.

Se o espaço escolar deixar de ser um ambiente a sustentar essas lógicas perversas, pensamos que já se terá dado um grande passo rumo à cidadania e ao combate à violência doméstica, à homofobia, ao racismo e a todas as formas de preconceito e exclusão. Contudo, sem que essas revoluções comecem pela vida cotidiana dos educadores, nos parece algo improvável de acontecer. A reflexividade deve ser uma prática cotidiana na vida de todos, e isso implica não apenas ser politicamente correto, mas abandonar certos hábitos, certas práticas cotidianas e assumir um compromisso real com a mudança de estruturas sociais, como a escola, que contribuem para a manutenção das desigualdades sociais de todas as ordens.

Enquanto essas múltiplas ordens discursivas, marcadas pelo selo do poder e perversamente capazes de nomear sujeitos e demarcar fronteiras, não forem transformadas de modo a reconhecerem a legitimidade da diferença e seu direito a um tratamento efetivamente igualitário, pensar a si mesmo e ao outro continuará sendo dicotomizado e processado desde oposições binárias e perversas. Essas transformações serão realmente efetivas quando elementos como cor, raça, etnia, orientação sexual, religião, classe, gênero não forem mais elementos distintivos de sua posição social ou mesmo da justificação que se faz deles.

Lembramos que a escola não pode restringir-se a educar para a tolerância, pois tolerar não é respeitar[10] nem mesmo reconhecer (Silva, 2006). Quem tolera continua marcando a distância necessária entre si e o outro para sentir-se seguro, protegido do outro, objeto de insegurança. Quem tolera reconhece de maneira assimétrica, hierarquizada. Quem respeita reconhece a partir de um lugar comum que aproxima e rompe com as fronteiras da segurança construídas mediante atos preconceituosos e práticas discriminatórias. Quando a escola se tornar esse espaço livre, democrático, diferente, consciente, no qual esses qualitativos não mais necessitarão ser relevados, teremos logrado implementar uma educação para os Direitos Humanos vitoriosa, teremos suplantado todas as formas de violência, sejam elas de ordem física, sejam de ordem simbólica, que, tristemente, têm marcado a história brasileira. Assim, haverá uma gestão da vida escolar verdadeiramente democrática e participativa.

Está na hora de colocarmos em suspensão certezas antigas e inquestionáveis, cristalizadas de modo absoluto, que nos acompanham desde muito tempo e mudarmos. Está na hora de o Estado produzir políticas públicas comprometidas com uma educação crítica e transformadora, que busquem fazer da escola um espaço reflexivo e de formação de cidadãos e cidadãs ativos, conscientes de seu lugar no mundo, mas, mais ainda, conscientes do lugar que querem ter.

Exercitando a democracia: o difícil jogo da participação

> "O estudo da escola estava a requerer uma teoria marxista que desse conta da participação das pessoas, dos indivíduos, dos sujeitos na vida social."
>
> **(Maria Helena S. Patto, 1993, p. 120)**

Não é à toa que Patto fez a afirmação que abre este título. A questão da participação na vida escolar é um desafio que ainda move um imenso contingente de pesquisadoras e pesquisadores comprometidos com uma educação crítica e libertadora. Ainda hoje, a questão da escola limita-se a uma escolha entre ser tradicional e ser moderna, sendo que a uma associa-se o qualitativo conservadora e de direita e a outra, progressista e de esquerda. Mas tal tipologia é insuficiente e não

---

10 Embora grande parte dos estudos no âmbito da moral e mesmo da educação defenda uma "educação para a tolerância", entendendo que a tolerância implica o respeito ao outro, fazemos uma diferenciação entre "tolerar" e "respeitar". Para nós o respeito implica uma atitude livre e ativa do sujeito ante o diferente, que é marcada pela preocupação com o outro, sem negá-lo, nem julgá-lo. Enquanto a tolerância caracteriza uma atitude passiva do sujeito que se submete a uma ética do dever, que se limita a evitar fazer mal aos outros. A ideia de tolerância contém em si a própria negação do que é tolerado, ou seja, o que é tolerado (comportamento, convicção, gesto ou expressão) é, num primeiro momento, rejeitado, e posteriormente aceito como possibilidade de se manifestar no espaço público (Silva, 2006).

responde às questões atuais da escola nem de seu projeto político-pedagógico. Para pensarmos acerca das relações entre escola e comunidade, no difícil jogo da participação, como vimos fazendo neste capítulo, é necessário perguntarmo-nos a respeito de qual é o projeto político-pedagógico levado a cabo pela escola e quais são as políticas de educação necessárias para se alcançar as condições para que escola e comunidade estejam articuladas e sejam espaços que impulsionam a participação e a democracia.

Perguntar sobre a escola e seu papel na contemporaneidade passa pelo reconhecimento de que a sociedade mudou e que a escola resiste a incorporar a mudança para além de conteúdos e da sua estrutura verticalizada. É preciso mudar a vida cotidiana da escola, pois, em uma sociedade globalizada/mundializada, na qual participação e autonomia são partes constitutivas do discurso, mas não da práxis, ela está fadada à extinção, salvo em sociedades onde os fatalismos singram livremente os mares da ignorância. Entretanto, ainda vivemos em uma sociedade desse tipo? Certamente não aqui no Brasil. Mesmo assim, a ignorância ainda constitui a sociedade atual e precisamos enfrentá-la com força e coragem, sobretudo em um país onde a multiculturalidade é uma marca significativa.

Hodiernamente, verificamos o fortalecimento do discurso da autonomia, da cidadania e da participação no espaço escolar, o qual deveria ser traduzido no projeto político-pedagógico próprio de cada escola. Mas em que medida a participação é um fato e implica o reconhecimento do outro? O reconhecimento da palavra que emancipa e educa? Segundo Gadotti (2001),

> Entendemos que todo projeto pedagógico é necessariamente político. Poderíamos denominá-lo, portanto, apenas "projeto pedagógico". Mas, a fim de dar destaque ao político dentro do pedagógico, resolvemos desdobrar o nome em "político-pedagógico". Frequentemente se confunde **projeto** com **plano**. Certamente o plano diretor da escola – como conjunto de objetivos, metas e procedimentos – faz parte do seu projeto, mas não é todo o seu projeto. [...] Um projeto político-pedagógico não nega o instituído da escola que é a sua história, que é o conjunto dos seus currículos, dos seus métodos, o conjunto dos seus atores internos e externos e o seu modo de vida. Um projeto sempre confronta esse instituído com o instituinte (p. 33).

O projeto político-pedagógico, portanto, deve ser esse **espaço político** que resulta da atuação consciente de todos e cada um dos atores e atrizes que constituem a escola e a comunidade na qual ela está inserida.

> **O projeto político-pedagógico**
> - Deve ser elaborado coletivamente, envolvendo alunos, família, professores, funcionários e demais forças sociais presentes no entorno da escola, buscando a **construção de uma ação consciente e organizada**, tendo em vista a **qualidade de ensino**.
> - Deve ser um instrumento que visa orientar os desafios do futuro da ação que subsidia o pensamento para a construção de novas ideias e formas diferenciadas de intervenção na realidade educacional.
> - Deve propor um currículo integrado, que considere a realidade do aluno.
> - Deve estabelecer o diálogo com todos os envolvidos por meio do exercício da participação em todas as dimensões: administrativa, financeira e pedagógica.

Desta feita, entendemos que o projeto político-pedagógico deva ser resultado necessariamente de uma gestão democrática, mas também processo de construção de uma escola democrática, de um projeto coletivo particular e de uma ação interdisciplinar, ou seja, próprio de cada escola e comunidade e, portanto, único. Pode-se dizer que a autonomia da escola para estabelecer o seu projeto e para executá-lo e avaliá-lo se consolidará mais ou menos dependendo do grau de abertura real para a participação igualitária de todos os agentes envolvidos no processo educacional. O reconhecimento da diversidade e da pluralidade de saberes que superam os saberes oficiais e instituídos revela que compreensão de autonomia e de emancipação tem essa escola e qual a visão de mundo que deseja sustentar. Segundo Gadotti (2001),

> A autonomia e a gestão democrática[11] da escola fazem parte da própria natureza do ato pedagógico. A gestão democrática da escola é, portanto, uma exigência de seu projeto político-pedagógico. Ela exige, em primeiro lugar, uma mudança de mentalidade de todos os membros da comunidade escolar. Mudança que implica deixar de lado o velho preconceito de que a escola pública é apenas um aparelho burocrático do Estado e não uma conquista da comunidade. A gestão democrática da escola implica que a comunidade, os usuários da escola, sejam os seus dirigentes e gestores e não apenas os seus fiscalizadores ou, menos ainda, os meros receptores dos serviços educacionais. Na gestão democrática pais, mães, alunas, alunos, professores e funcionários assumem sua parte de responsabilidade pelo projeto da escola (p. 34).

Há muito tempo se vem falando da importância de gerir a escola de modo **participativo**.

---

11 Entendemos que a gestão democrática da escola é condição *sine qua non* para promover a participação da comunidade.

> **Uma gestão participativa** promove a **ampla participação** dos representantes dos diferentes segmentos da escola **nas decisões/ações administrativo-pedagógicas**. Para tanto, precisa desenvolver um **trabalho coletivo**, envolvendo todos: corpo administrativo, funcionários, professores, estudantes, grêmio, colegiado, pais, voluntários da escola, representantes do mercado de trabalho, instituições, procurando:
> - Refletir sobre as funções da escola.
> - Romper com a atual organização de trabalho no interior da escola.
> - Criar e consolidar novos mecanismos de democratização, entre eles a criação de um Conselho de Escola que mobilize a participação da comunidade.
> - Definir critérios e mecanismos de avaliação do projeto político-pedagógico, envolvendo a avaliação discente, docente e institucional, por meio de parâmetros de qualidade.

Contudo, como defendemos no decorrer deste texto, essa tarefa ainda não se materializou, exatamente porque essa discursividade não é acompanhada de ações práticas, as quais dependem de mudanças culturais e institucionais para que ocorram de fato. Dizer que a escola deve formar para a cidadania, educar para os Direitos Humanos de modo democrático passa por rever a formação dos professores, as formas com que se designa a direção escolar, o plano de atividades escolares e a forma como se estabelece as relações com a comunidade.

Para que isso ocorra de modo verdadeiramente democrático e participativo, é preciso que sejam enfrentados os medos advindos das mudanças que a participação suscita na vida cotidiana da escola. Em uma escola em que a participação é real, múltiplas formas de saber convivem e sem uma hierarquização que distinga cada um de seus detentores como mais aptos, melhores ou algo que o valha numa lógica verticalizante. Nessa escola deve imperar uma lógica de gestão que prime pelo diálogo e pelo reconhecimento do outro como igual e diferente, sem que a diferença seja o estigma que autoriza o não reconhecimento do outro ou o reconhecimento perverso que enquadra "policialescamente". Indubitavelmente, a gestão democrática da escola é um passo importante no aprendizado da democracia.

A gestão democrática produz como frutos a autonomia e a participação, ao passo que depende desses mesmos frutos para que possa consolidar-se na escola. Tal modo de gerir a educação, com base nos princípios da autonomia e da participação, é fruto da mudança de uma cultura política que ultrapassa os muros escolares e que está refletida no seu projeto político-pedagógico. Em um projeto político-pedagógico com a marca da autonomia e da participação, encontram-se os elementos para a formação de uma consciência crítica, para o envolvimento implicado das comunidades interna e externa à escola, para uma participação na cooperação com as várias esferas de governo que potencializem as ações pedagógicas cotidianas e para a produção de uma autonomia responsável, criativa e compartilhada.

Neste projeto, autonomia e participação, emancipação do sujeito são pressupostos que não se limitam à mera declaração de princípios. Eles são parte real da vida da escola, verificáveis na forma pela qual os conselhos escolares funcionam e são compostos, na forma pela qual as reuniões pedagógicas são realizadas e da maneira com que os professores fazem seu planejamento do ensino, se capacitam e trabalham transversalmente temas que contribuem de modo fundamental para o enfrentamento da violência que mantém as desigualdades sociais. Os temas transversais, sobretudo os da **ética, da orientação sexual e da pluralidade cultural**, são oportunidades concretas de refletir criticamente sobre a realidade social, oportunizando aos alunos o conhecimento das condições históricas em que surgem os atos violentos e como estes são definidos pelos atores envolvidos. O tema da pluralidade cultural permite o aprofundamento sobre os atos de racismo e a intolerância presentes na escola; tais reflexões são possibilidades de enfrentamento da violência, de reconhecimento das desigualdades sociais que acirram as relações assimétricas que acabam por instigar a violência. A consciência da realidade é também possibilidade de repensar sobre esta realidade e agir sobre ela tendo em vista sua transformação.

Nesse sentido, a escola que busca articular-se com a comunidade na sua gestão precisa promover a participação efetiva desta na elaboração do projeto político-pedagógico, considerando dois momentos fundamentais: o da concepção e o da execução, como sugere Veiga (1998).

Quanto ao momento da concepção, o projeto deve caracterizar-se por um processo participativo nas decisões; implementar uma forma de organização do trabalho pedagógico que desvele os conflitos e as contradições, que deixe claro os princípios de autonomia da escola, de solidariedade entre todos os envolvidos e o estímulo à participação de todos na construção de um projeto comum e coletivo e que explicite o compromisso com a formação do cidadão. Quanto ao momento da execução, o projeto deve partir da realidade concreta da comunidade, envolvendo o levantamento dessa realidade, a identificação das necessidades da comunidade, a explicitação das causas dos problemas enfrentados pela escola. Isso envolve a ação articulada de todos os envolvidos com a realidade da escola. A sua elaboração passa por decisões importantes, como a seleção do currículo, dos recursos materiais e pedagógicos e o uso destes recursos, bem como o gerenciamento do uso dos recursos financeiros e a escolha do livro didático, entre outros elementos essenciais para decidir os rumos da escola.

A forma como é concebida a gestão escolar define o próprio projeto político-pedagógico. Uma gestão democrática implica uma prática administrativa reflexiva que leve à participação coletiva dos atores envolvidos no processo educativo, o que inclui tomada de decisões referentes às práticas pedagógicas, administrativas, curriculares, viabilizando a democratização do ensino, como sugere Fusari (1992), e proporcionando uma ação transformadora.

PROJETO POLÍTICO-PEDAGÓGICO

```
                    Realidade    Escola    Comunidade
                                    ↓
                            Trabalho pedagógico
                                    ↓
                    Gestão    Currículo    Avaliação
```

O organograma apresenta três eixos em torno dos quais deve estruturar-se o **projeto político-pedagógico**, tendo em vista **a articulação entre escola-comunidade**. São eles: **gestão, currículo** e **avaliação**. Esses três eixos, detalhados no quadro a seguir, podem orientar a análise da implantação, do desenvolvimento e da manutenção de diferentes projetos escolares e chamam a nossa atenção para a importância das várias instâncias que constituem o Planejamento Escolar e que exigem a participação de toda escola, bem como da comunidade escolar.

Gestão democrática	**Administrativa** Estrutura administrativa adequada à realização de objetivos educacionais, de acordo com interesses da população. Prever mecanismos que estimulem a participação de todos nos processos de decisão (conselhos, assembleias, reuniões temáticas). **Pedagógica** Decidir coletivamente o que se quer reforçar dentro da escola e como se devem detalhar as finalidades para se atingir a cidadania: o que queremos e precisamos mudar? Definir a organização do tempo escolar de acordo com as prioridades educacionais: organograma, regimento, distribuição do poder. Estabelecer períodos de estudo e reflexão das equipes de educadores (formação continuada) e estudos de temas de interesse da comunidade, bem como períodos de avaliação do PPP.
Currículo	**Currículo integrado**: o trabalho escolar deve articular as diversas áreas do conhecimento, conteúdos e programas. O que a escola deve ensinar? Quais conteúdos são importantes para serem trabalhados? Considerar e refletir coletivamente sobre: • conhecimentos historicamente produzidos • conhecimentos produzidos a partir da realidade do aluno • temas transversais
Avaliação	**Avaliação de todo o processo** • Problematização da realidade escolar, compreensão crítica da realidade e a proposição de alternativas de ação. • Definir instrumentos de avaliação do aproveitamento do aluno. • Revisão periódica do que foi planejado.

No que tange ao livro didático, os autores, coordenados por Cláudia Vianna e Debora Diniz (Silva; Zonta, 2008), em recente dossiê publicado na *Revista Psicologia Política*, produzido a partir de uma vasta pesquisa chamada "Qual é diversidade sexual dos livros didáticos brasileiros", revelam a gravidade da questão da homofobia e da resistência ao tema da diversidade sexual nos livros didáticos. Nessa pesquisa, as autoras fizeram um levantamento das obras didáticas e a análise de conteúdo das evidências que permitiram perceber que os livros didáticos em circulação sobre orientação sexual e ensino religioso não são submetidos à avaliação do Ministério da Educação (MEC); há uma diversidade de modalidades discursivas que oscilam entre a promoção da consciência da diversidade sexual e a propagação de valores homofóbicos. Além disso, os livros didáticos avaliados e recomendados pelo Ministério da Educação para o ensino público médio e fundamental não apresentaram evidências de preconceito contra a diversidade sexual ou, quando apresentam, são evidências esparsas e pouco significativas para avaliar o papel dos livros didáticos na propagação de valores homofóbicos. Embora a avaliação dos livros didáticos, realizada sistematicamente pelo MEC, seja eficaz na exclusão de linguagem homofóbica, o silenciamento e a naturalização dos papéis de gênero vinculados, as autoras concluem que tanto os livros de Língua Portuguesa quanto os de Biologia e de História de diversas séries podem contribuir para a manutenção dos valores homofóbicos na sociedade a partir do reforço dos padrões heteronormativos nos livros didáticos, salas de aula e escola. Por sua vez, a ausência da afirmação da diversidade sexual no material didático-pedagógico atribui ao professor e à direção das escolas a total responsabilidade de trazer o tema à sala de aula.

Outros temas como esse são relevantes à vida da comunidade escolar externa e interna, pois livros didáticos são instrumentos significativos de manutenção de uma lógica que reforça um *modus operandi*, que reforça o fatalismo que impede a comunidade de participar. Neles estão contidas pseudoverdades que contribuem para um conhecimento de si que fragiliza as ações que vêm da comunidade. Pais, quando tentam opinar, são deslegitimados pelo "professor-poderoso" e relegados a um lugar deslegitimado.

Ao enfrentarmos o difícil jogo da participação, destacamos que há paradoxos que são de difícil solução, sobretudo quando o debate não pode reduzir-se à escolha do livro didático, mas a todo um conjunto de temas que passam também pela escolha do currículo, pelas formas de exercer a docência etc.

Ao negligenciar temas que revelam a pluralidade social e reforçam estigmas, preconceitos de forma inadequada, esse material põe em risco a educação crítica e libertadora. O tratamento das questões referentes aos LGBTs (lésbicas, gays, bissexuais, travestis, transexuais e transgêneros – o "s" da sigla se refere aos simpatizantes), negros, mulheres, indígenas, pessoas com necessidades especiais etc. não só contribui para uma educação que mantém inalterada a lógica hierarquizante da sociedade, impedindo que os discursos da autonomia e da participação se estabeleçam realmente, mas também paulatinamente mina processos participativos e de compartilhamento do poder de gestão entre os atores que compõem a vida escolar.

A comunidade em que a escola está inserida, bem como seus estudantes, é parte de uma sociedade na qual as diversidades sexual e cultural não só estão presentes, como também são constitutivas dela mesma. Uma gestão participativa e democrática deve acolher essa realidade. Por essa razão, entendemos que a formação de professores, diretores, coordenação pedagógica e equipe administrativa e de apoio das escolas é fundamental para a mudança de quadros de desigualdade e contribui para uma formação política que, paulatinamente, possibilite à comunidade participar qualificadamente da gestão escolar, superando os discursos correntes que a desqualificam nesse processo.

Na gestão participativa e democrática da escola é preciso ter presente que não só o pessoal técnico pode e deve planejar e governar, mas também a comunidade escolar deve ser consciente de que exerce (ou deveria exercer) o governo mediante o planejamento coletivo do projeto político-pedagógico e das ações que dele emanam. Mas, infelizmente, o que vemos é que o autoritarismo que impregnou nossa prática educacional ainda é uma questão que desafia pesquisadores, professores e gestores comprometidos com uma escola democrática.

Para que a discussão da gestão democrática não "fique no papel", como já ocorre na legislação (LDB 9.394/1996, artigo 14), apontamos algumas possibilidades de a escola proporcionar concretamente a participação da comunidade em sua gestão.

Como promover a participação da comunidade?

- Incentivar a criação do **Conselho escolar**.

- Elaboração do **projeto político-pedagógico** de maneira coletiva e participativa.

- Decidir com a comunidade escolar as formas de utilização e fiscalização das verbas da escola.

- Divulgação e transparência na prestação de contas.

- Fazer uma **avaliação** institucional da escola: professores, dirigentes, estudantes, equipe técnica.

- Propor a **eleição direta** para diretor(a).

Para que a escola tenha êxito em fazer um **projeto político-pedagógico**, com a **participação da comunidade**, e para que sua implementação esteja presente na realidade escolar, é preciso ainda:

- Estabelecer uma comunicação eficiente.

- Oferecer suporte institucional, pedagógico e financeiro: todos devem ter conhecimento das formas de participação na gestão da escola, de sua proposta pedagógica e de todos os recursos financeiros claramente definidos.

- Estabelecer formas de controle, acompanhamento e avaliação do **projeto político-pedagógico**.

No caminho rumo à democratização da escola, é necessário produzir uma geração de administradores/gestores e de professores que exerçam uma liderança que não se centre em personalismos, mas saibam distribuir o poder, compartilhá-lo, com o conjunto dos atores envolvidos no processo educativo, na vida cotidiana da escola.

Gestão democrática participativa: sua relação com as políticas públicas

Pensar a realidade trabalhada neste capítulo do ponto de vista dialético se faz estratégico, pois reconhecer as contradições e antagonismos próprios do processo educativo implica também produzir sínteses que permitam gerar ações efetivas nesse caminho de mudança social. E o campo das políticas públicas é estratégico para isso, visto que pensar políticas públicas de educação humanizadas depende de olharmos de modo menos verticalizado e, se possível, mais horizontal a realidade da educação. O que significa dar maior atenção às próprias políticas públicas que vêm sendo produzidas sem a participação da sociedade civil e que, por isso mesmo, nem sempre favorecem a construção de uma perspectiva democrática. A esse respeito bem aponta Martins (1998):

> A política educacional é um exemplo de como o Estado procura produzir uma aparência de igualdade de oportunidades e neutralidade, quando elas estão ligadas ao movimento de uma economia regulada pelo lucro. O Estado surge de uma relação entre iguais, como se emanasse da vontade e dos interesses individuais e não de classe, como poder materializado no direito e nas instituições, constituído por todos os sujeitos sociais, indistintamente (p. 51).

Esta visão oculta as desigualdades e não coloca na agenda política os interesses das classes trabalhadoras que são parte majoritária dos que hoje frequentam a escola pública.

Queremos dizer com isso que enfrentamos um grande paradoxo no âmbito da políticas públicas educacionais: ao mesmo tempo em que a Constituição de 1988 defende os direitos e é a referência para a formulação da Lei de Diretrizes e Base e dos Planos Nacionais de Educação, que defendem a democratização da escola pública, argumentando em favor da gestão participativa, a forma como os sistemas de ensino estão organizados não só limita essa participação como muitas vezes a torna caricata. Observamos o fato de os diretores de escola não se submeterem a uma discussão política sobre a sua proposta de gestão. Já que a legislação em muitos estados e municípios não oportuniza à comunidade a possibilidade de escolher seus gestores, o que vemos é um contexto que limita drasticamente a gestão participativa, visto que a comunidade fica à mercê do bom senso ou da postura política de diretores aprovados em concurso, pelo simples critério técnico.

Dito isso, parece-nos que pensar em políticas públicas passa por **três ideias básicas**, sem as quais não se pode alcançar a resolubilidade das questões a que uma política se propõe resolubilizar:

1ª Ideia: Reconhecimento	Reconhecimento tanto no que remete ao outro quanto no que se refere à complexidade do processo político que relaciona agentes e instituições em conjunturas, contextos e situações diversas que, por sua vez, constituem desafios à governança.
2ª Ideia: Governança	Incorporação de diferentes atores no processo de governança. Disso decorre entender que incorporar é materializar de fato o reconhecimento como elemento da governança, bem como entender que governança é um processo que se refere à forma de entendimento do governo, à estrutura do governo e à gestão das políticas públicas.
3ª Ideia: Liderança	No processo de produção da governança, baseada no reconhecimento e na incorporação de múltiplos atores na produção de políticas públicas, ocorre a fragmentação da capacidade de ação. Não mais o Estado tem o poder de determinar as hierarquias de modo absoluto, mas necessita liderar diferentes atores públicos e privados no ciclo das políticas públicas e, portanto, certas tarefas de governo sem, com isso, terceirizar seu papel e suas responsabilidades.[12]

Para tornar mais claras estas ideias, é importante fazermos a distinção entre governança e gestão, veja o quadro a seguir.

Em Portugal o Conselho Nacional de Educação publicou, em 2007, um manual chamado Governança Democrática das Escolas (Bäckman; Trafford, 2007). Nele, lê-se o seguinte: "O termo **democrática** indica que a **governança escolar** se baseia nos valores dos direitos humanos e na autonomização e envolvimento dos alunos, pessoal docente e não docente e parceiros em todas as decisões importantes na escola" (p. 16). No que se refere à governança, o manual faz a seguinte diferenciação entre **gestão** e **governança**: "É importante assinalar os significados estreitamente interligados, mas muito diferentes, dos termos governança e gestão. Enquanto o termo governança acentua a abertura das escolas e sistemas educativos, o termo gestão é usado mais para sublinhar as dimensões técnicas e instrumentais da governanção. Governamos as coisas e os seres cujo comportamento não pode ser totalmente previsível (pela existência, por exemplo, de unidades autónomas capazes de defender os seus interesses e de negociar soluções alternativas). Gerimos coisas e seres cujo comportamento é previsível. Quando governamos, praticamos negociação, persuasão, acordo, pressão, etc., porque não temos pleno controlo daqueles que governamos. Quando gerimos, tendemos a instruir e ordenar porque pensamos ter forte e legítimo poder para o fazer. Quando falamos de **sistemas**

---

12 Nesse processo de produção de políticas públicas no campo educacional, entendemos a figura do(a) diretor(a) de escola como a de um líder (preferencialmente carismático) do processo de gestão democrática. Mas, para liderar, vai necessitar de competências que o ajudem a conduzir o processo *pari passu* com comunidade escolar. Dentre elas está a de garantir a participação de todos no processo de gestão, o que implica promover e manter a motivação dos atores envolvidos. A questão mais complexa nesse processo é articular interesses individuais e interesses coletivos.

> **educativos**, preferimos usar o termo **governança**. Quando falamos de **escolas como unidades organizacionais**, usamos mais frequentemente o termo **gestão**. Contudo, como as escolas se estão a tornar instituições cada vez mais abertas, enraizadas em contextos económicos e sociais específicos e caracterizadas por um conjunto complexo de necessidades e interesses, tendemos a recorrer, também a este nível, ao uso do termo governança" (p. 16-17). [grifos nossos]

Uma política pública de educação que parta de premissas nas quais a diferença tem como significantes **defeito**, **inadequação** e **desigualdade** não cumpre o papel transformador e emancipador da educação, e muito menos de uma educação para os Direitos Humanos. Uma política pública que não reconheça os diferentes saberes que provêm de lugares distintos, embora também importantes na vida escolar, também não é uma política que atinge a ponta (a escola) de modo a provocar mudanças que propiciem a participação.

Assim, pontua Telles (apud Martins, 1998):

> [...] as modificações constitucionais, que romperam ou prometeram romper o perfil excludente, estratificado e corporativo das políticas públicas, tiveram, na verdade, o efeito de proteger os já protegidos, já que mais da metade da população ativa, entre o desemprego e o vínculo precário no mercado de trabalho, permanece à margem dos benefícios sociais. O resultado de tudo apresenta outro paradoxo: concepções igualitárias e universalistas de direitos reatualizam "a tradição de uma cidadania restrita, assentada na lógica da expansão de privilégios e não na universalização de direitos" (p. 52).

Isto implica um esforço duplo na luta por uma escola de qualidade, que exija o exercício de participação na esfera local, que tem como agente mais próximo a escola, e na esfera pública mais ampla, o próprio Estado, que, distante da população, só pode ser atingido por meio da representação de entidades de classe ou movimentos sociais através da participação e do comprometimento dos agentes da educação na perspectiva do que defende Paro (2005):

> Na medida em que se conseguir a participação de todos os setores da escola – educadores, alunos, funcionários e pais – nas decisões sobre seus objetivos e funcionamento, haverá melhores condições de pressionar os escalões superiores a dotar a escola de autonomia e de recursos. A esse respeito vejo o conselho de escola como uma potencialidade a ser explorada. [...] (p. 12)

> Assim, cada escola deverá constituir-se em um *núcleo de pressão* a exigir o atendimento dos direitos das camadas trabalhadoras e defender seus interesses em termos educacionais. [...] (p. 13; grifos no original)

Ao se referir aos núcleos de pressão, Paro (2005) destaca que estes devem estar articulados com associações educativas mais amplas e outras entidades da sociedade civil. O autor vislumbra uma política que contemple

> um princípio que garantisse às instituições da sociedade civil defender seus interesses diante do Estado, colocando-se em nível de igualdade para arguir os atos autoritários deste. [...]
>
> Portanto, uma medida constitucional de caráter geral poderia concorrer para que a escola, enquanto instituição articulada com os interesses dominados, tivesse facilitada sua atividade de pressão junto ao Estado, na medida em que, por meio de uma associação de pais ou entidade semelhante, pudesse defender mais efetivamente seus direitos em relação ao ensino. (p. 13)

Assim, o papel da comunidade não é o de substituir o Estado, nem submeter-se a sua tutela, acatando as suas imposições, mas o de organizar-se de forma competente e articulada para fazê-lo funcionar. Portanto, a escola pode favorecer o exercício da participação da população na luta pela qualidade de ensino, que ultrapassa a garantia de ter as crianças matriculadas na escola, mas, sobretudo, ofereça condições apropriadas para que todas as crianças, adolescentes e jovens aprendam e se desenvolvam plenamente. Só assim, poderemos dizer que a escola favorece a construção da cidadania.

> A construção da cidadania e de uma cultura baseada nos direitos sociais e políticos constitui, hoje, um dos problemas mais cruciais para o processo de democratização do Brasil. Aí estão envolvidas questões não apenas de formação dos atores sociais, capazes de criação de esferas públicas e democráticas, como importantes instâncias de mediação nas relações entre Estado e sociedade (Martins, 1998, p. 54).

Levar em conta o processo de produção de políticas públicas é importante porque entendemos que é pela educação que muitos dos aspectos da constituição das identidades são produzidos, e de forma dialética, mediante a alteridade, na interação entre indivíduo e sociedade, a partir e com o outro, e o modo como a educação é concebida recai diretamente sobre as políticas públicas que produzimos para essa área. Políticas de educação que levam a sério os elementos aqui elencados lançam os fundamentos para um projeto de Estado e não se resumem a transitórias políticas de governo. Mas, sobretudo, políticas públicas de educação podem constituir-se em fatores que impeçam ou facilitem processos participativos no âmbito escolar que potencializem uma educação crítica. Quando essas são o resultado de decisões tomadas sem o necessário debate que alcança a capilaridade do sistema que é a escola, ela pode tornar-se um empecilho macrossocial em dinâmicas vividas na cotidianidade da escola. E são muitas as possibilidades e formas para que isso aconteça.

Desta feita, pensar educação criticamente passa pela elaboração de políticas que não só produzam efeitos em longo prazo, mas que se estabeleçam como princípios duradouros para quaisquer governos que a população venha a eleger e para quem está na ponta, à frente da gestão escolar. Políticas com esse perfil são sempre resultantes de processos participativos efetivos, nos quais a população não se reduz a homologar pensamentos de seus dirigentes, mas toma para si a responsabilidade política da participação na construção dos rumos de seu destino. E isso precisa tornar-se uma prática no âmbito da escola.

Assim, pensar políticas públicas sem que se procure mudar o modo como formamos nossos professores e toda a nossa administração também continua sendo um importante empecilho à implementação de uma educação crítica e eficaz no que diz respeito à produção de sujeitos políticos comprometidos com a vida política na escola.

A produção de um projeto político-pedagógico, de um plano de educação em todos os níveis federativos, a produção de cursos de capacitação e a produção de políticas públicas a partir de diálogos amplos que escutem a todos os atores sociais envolvidos no processo são oportunidades valiosas para que se implemente algo em torno dessas questões que se dão no plano local e que, indubitavelmente, se consolidam também no plano global.

Por esse motivo, afirmamos, ao encerrar este texto, que a revisão dos conteúdos e as estratégias de abordagem destes em sala de aula precisam mudar, tornar-se mais interdisciplinares e abertos à diferença; a formação de professores, diretores, coordenação pedagógica e equipe administrativa e de apoio das escolas precisa ser uma prioridade constante desde a faculdade até o exercício cotidiano de cada função; a produção de material didático-pedagógico que apoie os professores nas atividades cotidianas em sala de aula, que trate de temas transversais de modo adequado e que auxilie o professorado a incorporar os princípios de autonomia e participação; a formação de pais e da comunidade na qual a escola se insere no que tange à importância da participação e da autonomia e do papel político que eles têm enquanto atores implicados nesse processo; a produção de atividades permanentes que contribuam em processos de ressocialização e mudança das bases culturais em torno da lógica dominante é um fator decisivo na produção de um outro modo de ser e estar no mundo, na escola e que convida a participar sem medo de ver-se silenciado, deslegitimado; o acompanhamento cotidiano das relações entre estudantes para coibir o *bullying* e promover a interação positiva entre estudantes que estão reconhecidos perversamente como lugares minoritários em função de serem diferentes; ações interinstitucionais junto às instituições de ensino superior com vistas à mudança da abordagem do tema no processo de formação de professores e demais profissionais.

Embora possam parecer utópicas muitas das ponderações feitas ao longo deste capítulo, sem o concreto envolvimento da sociedade civil na luta por uma escola de qualidade, o direito à educação, tão propalado na Constituição de 1988 e em tantos documentos oficiais, não sairá do papel. Todas as conquistas logradas pela sociedade brasileira foram resultado de longas lutas políticas, que, embora sempre envolvessem poucos, foram cruciais para a construção da democracia. Infelizmente, os avanços na educação têm sido os mais morosos, e o pouco investimento financeiro ainda coloca a educação em patamares bem abaixo do esperado para um país como o Brasil, que ostenta tanta sofisticação em alguns setores ao lado de tanta precariedade no interior dos muros escolares.

Certos estamos de que escola e comunidade ainda jogam o difícil jogo da participação. Muito ainda temos a fazer para que todos e todas saiamos vitoriosos dessa partida, com uma educação que nos ajude a fazer do nosso mundo um mundo melhor porque mais justo socialmente.

Referências bibliográficas

ALTHUSSER, L. *Ideologia e aparelhos ideológicos do Estado*. Rio de Janeiro: Graal, 1987.

ANSARA, S.; DANTAS, B. S. A. Intervenções psicossociais na comunidade: desafios e práticas. *Psicologia e Sociedade*, v. 22, n. 1, p. 95-103, abr. 2010.

AVANCINE, S. *"Daqui ninguém nos tira": mães na gestão colegiada da escola pública.* 1990. Dissertação (Mestrado) – PUC-SP, São Paulo. 1990.

BÄCKMAN, E.; TRAFFORD, B. *Governança democrática das escolas*. Lisboa: Editorial do Ministério da Educação, 2007. Disponível em: <http://www.coe.int/t/dg4/education/edc/Source/Pdf/Documents/2008_Tool2Portuguese_GovernancaDemocratica2.pdf>. Acesso em: 18 jan. 2012.

BERGER, P.; LUCKMANN, T. *A construção social da realidade.* Petrópolis: Vozes, 2000.

BENEVIDES, M. V. Cidadania e Direitos Humanos. In: CARVALHO, J. S. *Educação, cidadania e Direitos Humanos.* Petrópolis: Vozes, 2004.

_____. Educação para a democracia. *Lua Nova,* São Paulo, Cedec, n. 38, 1996.

BORDIGNON, G.; GRACINDO, R. V. Gestão da Educação: município e escola. In: FERREIRA, N. S.; Aguiar, M. A. (Orgs.). *Gestão da Educação: impasses, perspectivas e compromissos.* São Paulo: Cortez, 2001.

CAMPOS, M. M. M. *Escola e participação popular: a luta por educação elementar em dois bairros de São Paulo.* 1983. Tese (Doutorado) – USP-FFLCH, São Paulo. 1983.

CAMPOS, R. C. *A luta dos trabalhadores pela escola*. 1985. Dissertação (Mestrado) – UFMG-FE, Belo Horizonte. 1985.

CARDIA, N. Direitos Humanos e cidadania. In: *Os Direitos Humanos no Brasil*. Universidade de São Paulo, São Paulo: Núcleo de Estudos da Violência e Comissão Teotônio Vilela, 1995.

FUSARI, J. C. O planejamento do trabalho pedagógico: algumas indagações e tentativas de respostas. *Série Ideias*. 8. São Paulo: FDE/Governo do Estado de Paulo, 1992.

GADOTTI, M. Projeto político-pedagógico da escola: fundamentos para sua realização. In: GADOTTI, M.; ROMÃO, J. E. (Orgs.). *Autonomia da escola: princípios e propostas*. 4a ed. São Paulo: Cortez, 2001.

GABOR, H. Governar escolas e sistemas educativos na era da diversidade. *21a Sessão da Conferência Permanente de Ministros da Educação Europeus sobre Educação Intercultural*. Atenas, 2003.

GOHN, M. G. *Teorias dos movimentos sociais. Paradigmas clássicos e contemporâneos*. São Paulo: Edições Loyola, 2002.

HELLER, A. *Cotidiano e história*. São Paulo: Paz e Terra, 2001.

_____. *Para mudar a vida*. São Paulo: Brasiliense, 1982.

_____. *Revolución de la vida cotidiana*. Barcelona: Península, 1998.

HONNETH, A. *Luta por reconhecimento*: a gramática moral dos conflitos sociais. São Paulo: Editora 34, 2003.

KONDER, L. *O que é dialética*. São Paulo: Brasiliense, 2000.

LE BON, G. *Psychologia política*. Rio de Janeiro: Garnier, 1921.

MARTÍN-BARÓ, I. O papel do psicólogo. *Estudos de Psicologia*, v. 2, n. 1, p. 7-27, 1996.

MARTINS, R. B. Educação para a cidadania: projeto político-pedagógico como elemento articulador. In: VEIGA, I. P. A.; RESENDE, L. M. G. *Escola: espaço do projeto político pedagógico*. Campinas: Papirus, 1998.

PARO, V. H. *Gestão democrática da escola pública*. São Paulo: Ática, 2005.

_____. Política Educacional e Prática da Gestão Escola. *II Simpósio internacional/ V Fórum Nacional de Educação*. mar. 2008. Disponível em: <http://www.arturmotta.com/wp-content/uploads/2012/08/texto-2-politica-educacional-e-pratica-da-gestao-escolar.pdf>. Acesso em: 17 dez. 2013.

PATTO, M. H. S. O conceito de cotidianidade em Agnes Heller e a pesquisa em Educação. *Perspectivas*, v. 16, p. 119-141, 1993.

POCHMANN, M.; AMORIM, R. (Orgs.). *Atlas da exclusão social no Brasil*. São Paulo: Cortez, 2003.

RANCIÈRE, J. *O desentendimento*. São Paulo: Editora 34, 1996.

SÁ, V. A. (Não) Participação dos pais na escola: a eloquência das ausências. In: VEIGA, I. P. A. C.; FONSECA, M. *As dimensões do projeto político-pedagógico: novos desafios para a escola*. Campinas: Papirus, 2001.

SANTOS, M. As cidadanias mutiladas. In: *Preconceito*. São Paulo: Secretaria da Justiça e da defesa da Cidadania do Estado de São Paulo, 1997.

SAWAIA, B. Introdução: exclusão ou inclusão perversa? In: SAWAIA, B. (Org.). *As artimanhas da exclusão: análise psicossocial e ética da desigualdade social*. Petrópolis: Vozes, 1999.

SAFFIOTI, Heleieth I. B. *O poder do macho*. São Paulo: Moderna, 1987.

SEVERINO, A. J. A escola e a construção da cidadania. In: *Sociedade civil e educação*. Campinas: Papirus, 1993. (coletânea CBE)

SILVA, A. S. Direitos Humanos e lugares minoritários: um convite ao pensar sobre processos de exclusão na escola. *Programa Ética e Cidadania: construindo valores na escola e na sociedade*. Brasília: MEC, 2007. Disponível em <http://portal.mec.gov.br/seb/arquivos/pdf/Etica/11_soares.pdf>. Acesso em: 18 set. 2011.

_____. *Marchando pelo arco-íris da política*: A Parada Orgulho LGBT na construção da consciência coletiva dos movimentos LGBT no Brasil, Espanha e Portugal. 2006. Tese (Doutorado) – PUC-SP, São Paulo. 2006.

SILVA, A. S.; ZONTA, C. Contribuições e desafios da psicologia política para as políticas públicas. *Revista Psicologia Política*, v. 8, n. 16, dez. 2008.

SODRÉ, M. A. C. Por um conceito de minoria. In: PAIVA, R.; Barbalho, A. (Org.). *Comunicação e cultura das minorias*. São Paulo: Paulus, 2005.

SPÓSITO, M. P. *O povo vai à escola: luta popular pela expansão do ensino público*. São Paulo: Loyola, 1984.

VEIGA, I. P. A. Perspectiva para reflexão em torno do Projeto Político-Pedagógico. In: VEIGA, I. P. A.; RESENDE, L. M. G. *Escola: espaço do projeto político-pedagógico*. Campinas: Papirus, 1998.

5

Concepções histórico-críticas da Psicologia e da Educação: a quais desafios da escolarização temos respondido?

Marilene Proença Rebello de Souza

A relação estabelecida entre Educação e Psicologia tem se tornado objeto de muitos estudos, discussões e abordagens durante décadas, quer na área de Psicologia, quer na área de Educação.

No que concerne à Psicologia, podemos identificar a década de 1980 como aquela em que teve início, principalmente nos programas de Pós-Graduação no Brasil, a constituição de pesquisas que passaram a estudar as dimensões históricas da Psicologia e da Psicologia na sua relação com a Educação no Brasil. Este fato se revela nas produções de Marina Massimi (1990; 2004a; 2004b), especialmente a partir do livro intitulado *História da Psicologia Brasileira* (1990), e de Mitsuko Antunes (1998; 2004), no livro *A Psicologia no Brasil: leitura histórica sobre sua constituição*.

Se considerarmos mais especificamente a relação Psicologia e Educação, identificamos, nas produções de Maria Helena Souza Patto, *Psicologia e ideologia: uma introdução crítica à Psicologia Escolar,* de 1984, e, posteriormente, em 1990, no livro *A produção do fracasso escolar: histórias de submissão e rebeldia*, importantes elementos para a análise da relação historicamente estabelecida entre Psicologia e Educação, com destaque para as imbricações acadêmicas, sociais e políticas. A autora, a partir de uma base teórica marxista, representada por autores como Althusser e Agnes Heller e Hobsbawm, busca compreender o intrincado pensamento educacional brasileiro, marcado pela busca de explicações a respeito do não aprender, que caracteriza os baixos índices de aprovação nas escolas.

O recorte estabelecido por Patto (1984, 1990) destaca, dentre diversos aspectos, a atuação dos psicólogos no campo da Educação, mais especificamente os psicólogos escolares, suas práticas e concepções a respeito da escola e do escolar, o processo de constituição das práticas intraescolares, e propõe a utilização de métodos de cunho antropológico para compreender o cotidiano escolar. Ao final de seu livro de 1990, Patto constrói um novo conceito no campo educacional, que aponta para uma leitura do contexto social e histórico da produção da repetência e da evasão escolares, o **fracasso escolar**.

A partir de uma análise histórica, Patto avança no sentido da compreensão da relação Psicologia e Educação, destacando concepções que a sustentam, a visão de homem e de mundo presente na constituição do Estado brasileiro, e, por conseguinte, demonstrando a que interesses a Psicologia respondia neste contexto histórico, o lugar ocupado pela psicologia como ciência, a questão dos métodos de pesquisa utilizados e as temáticas estudadas. A história da Psicologia, analisada do ponto de vista crítico, passa a ser fonte importantíssima de compreensão do lugar do conhecimento psicológico, da constituição da sua relação no campo educacional, permitindo que se revisitasse um conjunto de questões clássicas da Psicologia Educacional: a natureza dos processos de aprendizagem, a relação professor-aluno, os processos de avaliação psicológica daqueles que não aprendem na escola e a atuação do psicólogo no campo da Educação.

A discussão da importância das dimensões históricas e sociais das ideias veiculadas no campo da Psicologia na sua interface com a Educação possibilitou ainda a busca de referenciais em ambos os campos que dessem conta de compreender o fenômeno educativo sob essa ótica.

No que concerne ao campo da Educação, as discussões que se instalaram em relação ao papel social da escola, trazidas desde a década de 1970 por autores da escola francesa, como Bourdieu e Passerón (1978), Baudelot e Establet (1972) e Althusser (1974), bem como as questões postas por Paulo Freire (1979), foram fundamentais para possibilitar uma discussão política do papel da escola. Não foi mais possível olhar a escola em si após a contribuição desses pensadores da Sociologia e da Filosofia da Educação, ao trazerem a perspectiva marxista para o interior da análise do fenômeno educativo.

No campo da Psicologia e das teorias psicológicas, os questionamentos centraram-se na busca de referenciais que dessem conta das dimensões históricas e sociais, constitutivas do sujeito e de sua maneira de se relacionar com o mundo. Neste sentido, as teorias advindas das discussões da Escola de Frankfurt, com destaque para Adorno e Horkheimer, da micropolítica de Michel Foucault, Deleuze e Guattary e da perspectiva histórico-cultural soviética de Vigotski, Leontiev e Luria passaram a povoar o território das referências teóricas no campo da Psicologia da Educação e da Psicologia Escolar no Brasil.

Uma psicologia que se proponha a pensar criticamente a relação com a educação tem como articulação as questões postas nos dois campos, permitindo considerar que, para se construir uma perspectiva crítica em Psicologia Educacional e Escolar, é fundamental que tenhamos de nos apropriar de uma teoria crítica de Educação e de Psicologia (Meira, 2000; Tanamachi, 2000).

O reflexo dessa discussão, iniciada nos anos 1980, teve sua expansão a partir dos anos 1990. No campo da Psicologia, tanto em nível de Graduação, como também de Pós-Graduação, várias pesquisas e propostas de atuação profissional se constituíram, visando incorporar discussões da área e ampliar o conhecimento sobre as clássicas questões da Educação na sua relação com a Psicologia.

Esta ampliação da discussão teórica no campo da atuação profissional faz-se presente em vários trabalhos no campo da Psicologia Escolar, que demonstram este movimento de crítica, destacando-se as produções de Almeida et al. (1995); Andaló (1984; 1989); Balbino (1990); Becker (1988); Del Prette (2001); Guzzo (1996); Khouri (1994); Leite (1992); Machado (1996; 2002; 2003; 2004); Maluf (1994); Marinho-Araújo e Almeida (2005); Martínez (2005); Meira (2002); Meira e Antunes (2003); Ragonesi (1995; 1997); Souza (1996; 2002); Souza e Checchia (2003); Tanamachi (1992, 1997, 2000); Yazzle (1997); Wechsler (1989). Muitas dessas publicações remetem o leitor à importância da constituição de uma perspectiva crítica em psicologia e como tal perspectiva poderia se materializar na prática de psicólogos no campo da Educação.

Esta discussão tem permanecido no campo da construção do pensamento científico. Em levantamento realizado por Salgueiro e Souza (2005), referente a expressões do pensamento crítico em periódicos científicos nacionais (1995-2003), foi possível analisar tendências na área de Psicologia Escolar/Educacional referentes à formação e à atuação do psicólogo no campo da Educação. Para tanto, consideramos artigos em periódicos científicos nacionais das áreas de Psicologia, Saúde e Educação, no período de 1995 a 2003, que tratassem de aspectos da Psicologia Educacional/Escolar. Dentre os periódicos da área de Psicologia, foram identificados 25 artigos que, independentemente das mediações teóricas utilizadas, apontaram caminhos para a construção de reflexões teóricas e práticas profissionais, comprometidas com o favorecimento de processos de humanização e reapropriação da capacidade de pensamento crítico na realidade educacional brasileira.

Realizamos a análise de cada um deles na íntegra, com base na perspectiva do(s) autor(es) e ante os critérios de criticidade construídos por Tanamachi (1997) e Fox e Prilleltensky (2000)[1]. Os artigos foram agrupados em quatro grandes eixos, com base nas discussões feitas por Tanamachi (1997), a saber: (a) configurando um universo de discussão em Psicologia Escolar/Educacional; (b) situando

---
[1] Os critérios de criticidade levam em conta os motivos que levaram à elaboração das perguntas de pesquisa: Qual o problema? (objetivo); Em que ótica será analisado? Qual a visão de homem e de mundo? (referencial teórico-metodológico); Como abordar o problema? (procedimento); Como explicar o problema? (resultados e análise); Que conhecimento (teórico-prático) o artigo propicia? A serviço de quê/de quem está o artigo? (finalidade).

formas de contribuição da Psicologia Educação; (c) caracterizando formas de atuação para a Psicologia Escolar; (d) analisando elementos da formação do psicólogo escolar. Com relação à categoria (a), pudemos observar que parte dos trabalhos analisados nesta pesquisa mantém as tendências observadas por Tanamachi em anos anteriores, a saber: destacam temas que se referem a problemas presentes na ação de psicólogos e/ou professores; descrevem e explicitam condições de aprendizagem na escola, ou no contexto da vida cotidiana, especialmente de crianças das classes populares e adolescentes; e constroem respostas/explicações na ação de pesquisar aspectos do desenvolvimento cognitivo e afetivo/emocional de crianças. Além disso, os trabalhos analisados apresentam uma discussão original em relação a levantamentos anteriores que se referem à explicitação das bases epistemológicas e políticas das práticas psicológicas.

Ao considerar as contribuições da Psicologia para a Educação, analisamos que há uma significativa presença de possíveis articulações entre teorias psicológicas e a Educação. Nesse contexto, há diferentes dimensões de compreensão dessa articulação. Há aqueles que questionam uma visão puramente racionalista da dimensão educativa, ressaltando a necessidade de considerarmos a presença da dimensão subjetiva, sem que com isso se defenda a psicologização da Educação. Há autores que buscam formas de articulação de teorias psicológicas à prática educativa, com destaque para a presença do referencial psicanalítico. E há também os que questionam os paradigmas educacionais interacionistas para explicar o processo educativo e que defendem a utilização de uma psicologia histórico-crítica, cuja finalidade é possibilitar aos indivíduos que se apropriem de um saber científico.

No que se refere às formas de atuação de psicólogos na Educação, os trabalhos analisados consideram fundamental levar em conta, na atuação, o contexto escolar no qual a queixa é produzida. No aspecto da formação profissional, observa-se que nesse trabalho não há nenhum artigo que discuta especificamente a formação de psicólogos no Brasil.

De maneira geral, podemos afirmar que a presença das discussões no campo da Psicologia em sua relação com a Educação abriu novos caminhos para a compreensão da realidade escolar, do contexto que atravessa as relações de aprendizagem e, mais recentemente, destaca a importância de conhecer como se dá o processo de apropriação das políticas educacionais, demonstrando os desafios presentes no campo da Educação perante a implementação de políticas educacionais.

Outro espaço acadêmico importante de expressão das relações estabelecidas entre Psicologia e Educação comparece nos trabalhos apresentados em reuniões anuais da Associação Nacional de Pós-Graduação e Pesquisa em Educação (ANPEd), particularmente no GT de Psicologia da Educação, oriundos dos Programas de Pós-Graduação em Educação e em Psicologia Escolar e Educacional, tornando-se interessante indicativo das principais questões discutidas nesse campo, na atualidade[2].

Partindo da análise apresentada por Schlindwein at al. (2006), as discussões efetivadas no interior do GT a respeito da relação entre Psicologia e Educação podem ser identificadas em três grandes movimentos que refletem as discussões feitas sobre esta relação:

a) contribuições e ou implicações das teorias psicológicas à Educação;
b) análise crítica das apropriações de algumas teorias psicológicas pela educação, produzindo um movimento de psicologização da educação, e a necessidade da constituição de abordagens críticas no campo da Psicologia da Educação, que superem a primazia do conhecimento psicológico sobre outras modalidades de conhecimento;
c) análise da constituição da subjetividade nos processos educativos, procurando superar a dicotomia Psicologia e Educação, ou seja, a educação apresentada enquanto um espaço privilegiado de constituição dessa subjetividade e de desenvolvimento humano.

Na discussão a respeito das possibilidades da superação da dicotomia Psicologia e Educação e da questão da subjetividade – pensada enquanto categoria analítica do processo de articulação entre as áreas –, partilhamos da análise realizada, em 2006, por Anita Cristina Azevedo Resende (UFG/UCG), Ana Luíza Bustamante Smolka (Unicamp) e Marisa Lopes Rocha (UERJ), intitulada *Subjetividade, concepções e dilemas*. Neste contexto de análise, não pudemos nos furtar a considerar a importância que determinadas abordagens vêm constituindo no campo educacional, particularmente aquelas que buscam articular elementos da realidade educacional, da materialidade dos processos vividos no interior da escola e a sua apropriação e internalização por aqueles que a vivem e a constituem.

A questão do método

Outro elemento importante do processo de constituição do pensamento crítico no campo da Psicologia na sua relação com a Educação está na questão do método. No âmbito da Psicologia Educacional, os levantamentos realizados por Gouveia (1971; 1976) e Brandão, Baeta e Rocha (1983) consideraram amplamente os dilemas vividos pela pesquisa brasileira na compreensão dos fenômenos escolares. Analisam estas autoras que a pesquisa em Psicologia da Educação encontrava-se marcada, principalmente, pela fragmentação do objeto de estudo, pela consideração das questões analisadas apenas nos aspectos individuais, familiares

---
[2] Trata-se do levantamento realizado em 2005 e intitulado "Grupo de Trabalho Psicologia da Educação: uma análise da produção acadêmica (1998-2004)", publicado na revista *Psicologia da Educação*, PUC-SP, v. 22, p. 141-162, 1º sem. 2006.

e socioeconômicos dos alunos, ou, quando muito, na relação professor-aluno, entendida como um ato a dois, desconsiderando-se o contexto que o produziu, bem como a qualidade da escola oferecida. As pesquisas dos anos 1930 até final dos anos 1970, em sua maioria, analisavam tão somente elementos estanques de um todo escolar, interpretando-os à luz de concepções subjetivistas ou objetivistas (Tanamachi, 2000), ou apenas no que diz respeito ao aprendiz ou, ainda, centradas nos pressupostos da chamada "Teoria da Carência Cultural", cujos preconceitos referentes às camadas mais pobres da população deixaram marcas profundas na formação de professores e no pensamento educacional brasileiro.

As críticas presentes no campo da ciência, da Psicologia e da Psicologia Educacional/Escolar, que se fortaleceram no Brasil, trouxeram a necessidade de se repensar a questão dos métodos de pesquisa. As influências advindas dos questionamentos quanto à importância do método para a pesquisa em educação possibilitaram a incorporação, mesmo que de maneira paulatina, de elementos da pesquisa qualitativa no campo da Psicologia Educacional/Escolar. Em artigo de 1988, intitulado "Fracasso escolar como objeto de estudo", Patto analisa que, embora a discussão teórica nos campos da Educação e da Psicologia Escolar avançasse na compreensão dos fenômenos escolares, considerando suas determinações sociais e políticas, a pesquisa em Psicologia e em Educação teria ainda de construir métodos de pesquisa coerentes com o referencial teórico adotado e que considerassem as críticas metodológicas advindas da Sociologia (Haguette, 1999) e da Antropologia (Geertz, 1989; Ezpeleta; Rockwell, 1986). Portanto, articular as dimensões do método com o referencial teórico-crítico adotado tornava-se um desafio para a pesquisa em Psicologia Educacional/Escolar, visando compreender a complexidade do fenômeno escolar. Incluir tais críticas significava aproximar-se da pesquisa qualitativa, permitindo ao pesquisador permanecer prolongadamente em campo, ouvir os diversos protagonistas que compõem a complexa rede de relações escolares e descrever e documentar a vida diária escolar, intramuros, nas suas vicissitudes e desafios.

A Psicologia Escolar em uma perspectiva histórico-crítica tem se proposto a uma importante discussão que se refere ao método que deveremos empregar para nos aproximarmos da complexidade da vida diária escolar e dos processos de escolarização. De um lado, há um consenso na área de que é fundamental que possamos analisar aspectos institucionais, pedagógicos, relacionais e de políticas públicas presentes na escola, buscando compreender a intrincada rede de relações que ocorre no interior da instituição escolar. De outro lado, tais constatações nos desafiam a encontrar formas de aproximação com esse real, de maneira a nos apropriarmos minimamente desses processos que constituem o dia a dia da escola e de suas relações.

5 Concepções histórico-críticas da Psicologia e da Educação: a quais desafios da escolarização temos respondido?

É nesse espaço contraditório, conflituoso, esperançoso, utópico que a pesquisa e o pesquisador transitam, encontrando, até o momento, nas abordagens qualitativas e, em especial, na perspectiva etnográfica, elementos para explicitar melhor essa complexa rede institucional de relações escolares. Ao analisarmos a vida diária escolar, partimos da concepção de que a escola se materializa em condições histórico-culturais, ou seja, de que ela é constituída e se constitui diariamente a partir de uma complexa rede em que se imbricam condições sociais, interesses individuais e de grupos, atravessada pelos interesses do estado, dos gestores, do bairro etc. A peculiaridade de uma determinada escola se articula com aspectos que a constituem e que são do âmbito da denominada rede escolar ou sistema escolar no qual são implantadas determinadas políticas educacionais. Além de compreendermos a escola como produtora e produto das relações histórico-sociais, consideramos que, para apreender minimamente a complexidade da vida diária escolar, precisamos construir procedimentos e instrumentos de aproximação com esse espaço tão familiar e ao mesmo tempo tão estranho para nós. Assim sendo, enquanto pesquisadores temos nos aproximado da escola por meio de um método de trabalho que prioriza a convivência com seus participantes, de forma que as vozes daqueles que são comumente silenciados no interior da escola possam estar presentes enquanto participantes, de fato, da pesquisa.

Procuramos, então, compreender a escola na sua cotidianidade, analisando as relações e os processos que nela se estabelecem, buscando explicitar, juntamente com os participantes da pesquisa, esses processos por meio do estabelecimento de vínculos de confiança e de esclarecimento.

Discussões mais recentes sobre o método permitem que consideremos que haja importantes desafios ou dilemas a serem enfrentados na pesquisa em Psicologia Educacional/Escolar, a saber: (a) a delimitação do objeto de estudo, de forma a não perder a relação entre particularidade e totalidade; (b) o estabelecimento de vínculos que propiciem a relação sujeito-sujeito no trabalho de campo; (c) a grande quantidade de dados presentes no processo de análise, quando se propõe a uma convivência prolongada em campo, exigindo um trabalho rigoroso e detalhado de compreensão do universo pesquisado e de articulação com categorias teóricas; (d) a clareza do relato de pesquisa produzido, fruto de várias etapas intermediárias de descrição e análise da temática estudada; (e) a explicitação do caminho teórico-metodológico realizado pelo pesquisador em contato com uma determinada realidade educacional, além da questão da generalização, entre outros[3].

---

3 A respeito dessa discussão, veja o capítulo cuja referência é a seguinte: SOUZA, M. P. R. Pesquisa qualitativa e sua importância para a compreensão dos processos escolares. In: JOLY, M. C. A.; VECTORE, C. (Orgs.). *Questões de pesquisa e práticas em Psicologia Escolar*. São Paulo: Casa do Psicólogo, 2006. v. 1.

Portanto, considerando as discussões presentes nas últimas décadas, podemos indagar: que importância têm assumido concepções histórico-críticas na constituição de uma Psicologia da Educação, visando responder aos desafios postos pelo processo de escolarização?

Sabemos que não será possível esgotar todas as frentes de discussão que esta questão suscita, mas pretendemos contribuir com este debate, trazendo discussões, fruto de pesquisas e de intervenções no campo da Educação, a partir da Psicologia. Este recorte terá como foco parte da produção brasileira presente em pesquisas e publicações das áreas da Psicologia da Educação e da Psicologia Escolar, considerada como aquela que tem, pela sua expressão acadêmica, repercutido amplamente nos campos da formação de profissionais e pesquisadores.

Estudos sobre o cotidiano escolar

As discussões inauguradas, a partir dos anos 1980, pela Psicologia Escolar e Educacional puderam transitar de uma compreensão do fenômeno educativo como algo individual – atribuído ao processo de aprendizagem da criança e às suas dificuldades para ler, escrever, contar, enfim se escolarizar – para concepções que consideram que o não aprender é fruto de um processo intrincado de relações nos âmbitos institucional, político, cultural e pessoal, que precisam ser compreendidos como constitutivos do sucesso ou do fracasso escolar. A mudança do objeto de estudo – centrado na criança – para o processo de escolarização dessa criança exigia novos métodos e outras formas mais compreensivas de entendimento da realidade escolar. Como dissemos anteriormente, o método de pesquisa e de intervenção no contexto escolar necessitava ser revisado e construído em novas bases teóricas para abarcar a complexidade do fenômeno da escolarização.

Sob essa ótica, deslocou-se o foco teórico-metodológico centrado em uma Psicologia **do** Escolar para uma Psicologia Escolar, possibilitando mudança nas perguntas para compreensão das dificuldades escolares, uma das questões centrais na relação da Psicologia com a Educação. Se na Psicologia **do** Escolar a pergunta central era: "Por que a criança não aprende?", na Psicologia Escolar, em um enfoque histórico-crítico a indagação passa a ser: "O que acontece no processo de escolarização que faz com que essa criança não se beneficie da escola?", "Que processos de escolarização constituem o não aprender dessa criança na sua escolarização?". Portanto, ao constituirmos esses questionamentos, deslocamos a análise de uma queixa individual para uma queixa escolar. O encaminhamento feito pela escola ao psicólogo de um estudante que não lê, não escreve ou não se comporta devidamente ante as regras escolares é interpretado como um encaminhamento que revela o funcionamento da escola, as relações pedagógicas, institucionais e sociais nela presentes, bem como os saberes docentes. Revela, ainda, as expectativas que os educadores possuem sobre essa criança para o aprendizado, a concepção da função social da escola, as práticas escolares, os valores sociais vigentes em relação às famílias e à comunidade local, as relações de gestão nela implantadas, as políticas educacionais vigentes e suas vicissitudes.

As discussões a partir da compreensão do processo de escolarização permitiram o aprofundamento das pesquisas em Psicologia Escolar na direção de explicitar os processos intraescolares que constituem queixas escolares, no que tange à prática institucional e docente e às políticas educacionais, por exemplo. A escola passou a ser considerada no que Ezpeleta (1986) denomina "na sua positividade", ou seja, a escola tal como acontece no dia a dia, como se materializa em uma sociedade de classes.

Nesse sentido, podemos dizer que hoje conhecemos mais detalhadamente a respeito de algumas das vicissitudes vividas no cotidiano escolar e que repercutem diretamente sobre as formas de aprender, tais como: (a) a constituição de classes homogêneas a partir de um conjunto de estudantes que apresentam inúmeras dificuldades de comportamento, de aprendizagem, com histórias escolares atribuladas; (b) critérios inadequados na atribuição de classes e de salas de alfabetização, muitas vezes para professores com pouca experiência; (c) remanejamentos constantes de alunos durante o período letivo, dificultando a criação de vínculos de aprendizagem; (d) critérios de avaliação e reprovação baseados em comportamentos das crianças na escola; (e) previsões e preconceitos em relação aos alunos pobres e suas famílias; (f) encaminhamentos para especialistas, tais como médico, psicólogo e fonoaudiólogo, constantes sem que os educadores se impliquem no encaminhamento; (g) dificuldades de relacionamento com a comunidade local e na relação com os pais passaram a ser identificadas como constitutivas da trajetória escolar das crianças e de sua possibilidade maior ou menor de apropriação do conhecimento propiciado pela escola.

No que tange à prática docente, várias pesquisas evidenciaram as dificuldades vividas pelos educadores em sua atuação e que repercutem diretamente na qualidade do trabalho educacional: (a) dificuldades para a implantação de mecanismos coletivos de trabalho; (b) políticas públicas gestadas no interior das Secretarias de Educação e sem adesão docente a elas; (c) supervalorização do conhecimento dos especialistas; (d) inadequação do sistema de gestão pública; (e) desvalorização da função social do professor; (f) precarização das condições de trabalho docente; (g) a presença constante de novas políticas e de um grande número de programas e projetos que, por vezes, se atropelam no interior da rede de educação, dentre outras dimensões. Ou seja, a escola que se materializa nas práticas docentes evidencia as contradições presentes entre as finalidades desta escola e as possibilidades de efetivação dos saberes docentes nas condições materiais em que os educadores estão inseridos.

Outra esfera importante que passa a ser considerada na compreensão do cotidiano escolar e na constituição das queixas escolares é a de políticas públicas educacionais. Ao considerarmos que o processo de escolarização é o foco da análise para compreensão da queixa escolar, deparamo-nos com o universo das políticas públicas educacionais, que atravessam as práticas educacionais, constituem as ações pedagógicas, os currículos e os modos de funcionamento dos estabelecimentos de ensino. No caso do Estado de São Paulo, nos anos subsequentes à Ditadura Militar, temos um conjunto substancial de políticas educacionais, muitas delas, como a política de ciclo, com quase 30 anos de implantação[4]. Portanto, na perspectiva histórico-crítica, estudar as apropriações dessas políticas pela escola e pelos pais passou a ser um dos focos dos trabalhos de pesquisa (Viégas; Angelucci, 2011).

Pesquisas em Psicologia Escolar, nas quais a convivência com escolas e usuários da política educacional aconteceu de maneira intensa, puderam considerar as seguintes dificuldades no âmbito das políticas públicas: (a) hierarquização das formas de implantação, centralizada nos gestores escolares, com pouca discussão e adesão dos professores; (b) desconsideração da trajetória e da história profissional dos docentes da rede em que tais políticas são implementadas, fazendo com que sejam vividas como um eterno recomeço; (c) ausência de infraestrutura para a realização efetiva das políticas implementadas; (d) presença de concepções, no texto de políticas propostas, que revelam preconceitos em relação às crianças das camadas populares; (e) pouco conhecimento das políticas por aqueles que as implementam no cotidiano da escola, entre outros aspectos.

Portanto, os encaminhamentos escolares de crianças que não se beneficiam da escolarização precisam ser compreendidos a partir da constituição da trajetória escolar das queixas que sobre eles recaem, em uma escola constituída social e historicamente. Compreender essa trajetória é conceber uma série de procedimentos e instrumentos que possibilitem levantar informações e explicações, que se fazem presentes no dia a dia escolar, sobre as relações que se estabelecem nas dimensões anteriormente mencionadas. É compreender a complexidade do processo de aprender em uma escola que tem em seu interior as contradições de uma sociedade de classes, os preconceitos em relação a classe, gênero, etnia; uma escola que vive em seu interior as dificuldades e os valores vigentes na comunidade e na sociedade.

---

4 O Ciclo Básico de Aprendizagem foi estabelecido a partir do Governo Franco Montoro, em 1983, no Estado de São Paulo, e, a partir de então, vem se ampliando, chegando, em meados dos anos 1990, a ser implementado em todo o Ensino Fundamental pela política de Progressão Continuada, que vigora até os dias de hoje.

5 Concepções histórico-críticas da Psicologia e da Educação: a quais desafios da escolarização temos respondido?

A medicalização na escola e na sociedade[5]

Um exemplo atual das contradições vividas no interior da escolarização pode ser encontrado no fato de observarmos, a partir do ano 2000, o retorno das explicações de cunho organicista – centradas em distúrbios e transtornos de aprendizagem – como explicação para as dificuldades de leitura, escrita e de comportamento na escola. Denomina-se esse processo de medicalização (Conrad, 2007), ao reduzirmos questões que são de ordem política, social e educacional a problemas de ordem individual, biológica ou orgânica. O avanço das explicações organicistas para a compreensão do não aprender de crianças e adolescentes retoma os velhos verbetes tão questionados por setores de Psicologia, Educação, Linguística e Medicina, principalmente a partir dos anos 1980, a saber, dislexia, disortografia, disgrafia, dislalia, transtornos de déficit de atenção (TDA), com hiperatividade (TDAH), sem hiperatividade e hiperatividade.

Temáticas tão populares nos anos 1950-1960 retornam com roupagem nova: (a) presença de sofisticadas tecnologias diagnósticas, apresentando um forte aparato de avaliação neurológica, genética e psiquiátrica, utilizando ressonâncias magnéticas, exames de neuroimagens, análise de genes, mapeamentos cerebrais e reações químicas sofisticadas; (b) medicação desenfreada de crianças e adolescentes comprovada pela utilização de metilfenidato (princípio ativo de dois medicamentos: Ritalina, fabricada pela Novartis, e Concerta, pela Janssen-Cilag, utilizados principalmente em crianças, adolescentes e adultos diagnosticados com TDA e TDAH) nos últimos dez anos, cujo número de aquisições de caixas desse medicamento subiu de 70.000 caixas em 2000 para dois milhões em 2010 (CONSELHO REGIONAL DE PSICOLOGIA, 2010); (c) a profusão de projetos de lei criando centros de atendimento e diagnóstico de dislexia e TDAH nas Secretarias de Educação de estados e municípios brasileiros. Atualmente temos dezoito projetos dessa natureza tramitando no Senado e na Câmara Federal, Assembleia Legislativa do Estado de São Paulo e na Câmara Municipal de São Paulo[6]. Um desses projetos chega ao cúmulo de estabelecer que o conceito de dislexia deve ser criado por um Projeto de Lei.

Deste ponto de vista, ter dificuldade de leitura e escrita não mais questiona a escola, o método, as condições de aprendizagem e de escolarização, mas, sim, busca na criança, em áreas de seu cérebro, em seu comportamento manifesto, as causas das dificuldades de leitura, escrita, cálculo e acompanhamento dos conteú-

---

[5] Recentemente foi publicada a coletânea intitulada *Medicalização de crianças e de adolescentes: conflitos silenciados pela redução de questões sociais à doença de indivíduos*. São Paulo: Casa do Psicólogo, 2010, v. 1, organizada pelo Conselho Regional de Psicologia de São Paulo e pelo Grupo Interinstitucional Queixa Escolar.
[6] Sobre o tema, publicamos recentemente, referência: SOUZA, M. P. R.; CUNHA, B. B. B. Projetos de Lei e políticas públicas: o que a psicologia tem a propor para a educação? In: CONSELHO REGIONAL DE PSICOLOGIA DE SÃO PAULO E GRUPO INTERINSTITUCIONAL QUEIXA ESCOLAR (Org.). *Medicalização de crianças e de adolescentes: conflitos silenciados pela redução de questões sociais à doença de indivíduos*. São Paulo: Casa do Psicólogo, 2010. v. 1.

dos escolares. A criança com dificuldades em leitura e escrita é diagnosticada, procuram-se as causas, apresenta-se o diagnóstico e, em seguida, a medicação ou o acompanhamento terapêutico.

Além disso, os defensores da medicalização e da medicação têm apresentado o acesso ao diagnóstico como um direito dos pais e das crianças, chegando a cifras epidêmicas de supostos transtornos presentes entre as faixas etárias da infância e da adolescência, divulgadas em sites, blogs e grande imprensa.

Esse quadro agudiza quando observamos também a presença de profissionais da área da Psicopedagogia referendando tais diagnósticos e propondo tratamentos individualizados às crianças com supostos transtornos de aprendizagem e de comportamento. Não queremos dizer com isso que não haja crianças com doenças, com problemas de saúde que precisem de tratamento. Não somos jamais contrários ao uso da medicação quando necessário; contudo, não é disso que se trata quando apreciamos esta "onda medicalizante".

Estamos em um momento histórico em que este tipo de explicação para o não aprender na escola encontra um fértil terreno de expansão, pois os índices de qualidade da escola, presentes nos inúmeros sistemas de avaliação que temos no Brasil (SAEB, Saresp, Prova Brasil, Enem), apontam, reiteradamente, os baixos índices de apropriação da leitura e da escrita tanto na rede pública quanto na rede privada de ensino. Em um contexto favorável, laboratórios e profissionais da área da saúde se aperfeiçoam na criação de clínicas, projetos públicos, cursos de formação de professores financiados por laboratórios, enfim, práticas que retiram do orçamento da Educação, sempre muito disputado, verbas significativas que passam a ser investidas em projetos de saúde supostamente voltados à melhoria da aprendizagem escolar.

Para finalizar, podemos considerar que concepções histórico-críticas têm possibilitado ampliar a compreensão da complexa vida diária escolar. Comungamos das discussões trazidas por Rockwell (2009) de que não podemos falar de "escola", e sim de "escolas", pois a materialização das políticas educacionais nas práticas pedagógicas se constitui em configurações que ora expressam questões de âmbito mais geral da estrutura e do funcionamento das instituições escolares, ora assumem um caráter absolutamente peculiar. Compreender essa complexidade do cotidiano escolar é um grande desafio para todos aqueles que pretendem enveredar pelos caminhos da Educação.

Referências bibliográficas

ALMEIDA, N. V. F. *O psicólogo na instituição escolar: um estudo descritivo de sua prática profissional.* 1982. Dissertação (Mestrado) – Universidade Federal da Paraíba, João Pessoa. 1982.

ALMEIDA, S. F. C. et al. Concepções e práticas de psicólogos escolares acerca das dificuldades de aprendizagem. *Revista Psicologia: teoria e pesquisa*, v. 11, n. 2, p. 117-34, 1995.

ALTHUSSER, L. *Ideologia e aparelhos ideológicos de estado.* Lisboa: Presença, 1974.

ANACHE, A. A. O psicólogo nas redes de serviços de Educação Especial: desafios em face à inclusão. In: MARTÍNEZ, A. M. (Org.). *Psicologia Escolar e compromisso social.* Campinas: Alínea, 2005.

ANDALÓ, C. S. A. *Fala professora! Repensando o aperfeiçoamento.* 1989. Tese (Doutorado) – Instituto de Psicologia, Universidade de São Paulo, São Paulo. 1989.

_____. O papel do psicólogo escolar. *Revista Psicologia, Ciência e Profissão*, v. 4, n. 2, p. 43-46, 1984.

ANGELUCCI, C. B. Por uma clínica da queixa escolar que não reproduza a lógica patologizante. In: SOUZA, B. P. (Org.). *Orientação à queixa escolar.* São Paulo: Casa do Psicólogo, 2007.

ANTUNES, M. A. M. *A Psicologia no Brasil: leitura histórica sobre sua Constituição.* São Paulo: Unimarco e Educ, 1998.

_____. (Org.). *História da Psicologia no Brasil: primeiros ensaios.* Rio de Janeiro: EdUERJ: Conselho Federal de Psicologia, 2004. v. 1.

_____. Psicologia Escolar e Educacional: história, compromissos e perspectivas. *Psicologia Escolar e Educacional*, Campinas, v. 12, n. 2, p. 469-475, 2008. Disponível em: <http://pepsic.bvsalud.org/scielo.php?script=sci_arttext&pid=S1413-85572008000200020&lng=es&nrm=iso>. Acesso em: 8 jun. 2013.

AZZI, R. G.; SADALLA, A. M. F. A. *Psicologia e formação docente: desafios e conversas.* São Paulo: Casa do Psicólogo, 2002.

BALBINO, U. R. Psicólogos escolares em Fortaleza: dados da formação, da prática e da contextualização da atividade profissional. *Revista Psicologia, Ciência e Profissão*, n. 2-3-4, p. 50-56, 1990.

BECKER, M. L. Psicologia Escolar: Discurso x prática. *Revista PSICO*. Porto Alegre, Instituto de Psicologia da PUC-RS, v. 16, n. 2, p. 74-49, 1988.

BAUDELOT, C. ; ESTABLET, R. *École Capitaliste en France*. Paris: Librairie François Maspero, 1972.

BRANDÃO, Z.; BAETA, A. M. B.; ROCHA, A. D. C. O estado da arte da pesquisa sobre evasão e repetência no ensino de 1º Grau no Brasil. *Revista Brasileira de Estudos Pedagógicos*, v. 64, n. 147, p. 38-69, 1983.

BOURDIEU, P. F.; PASSERÓN. *A reprodução: elementos para uma teoria do sistema de ensino*. Lisboa: Editorial Vega, 1978.

BRAUNSTEIN, V. C. Um atendimento em Orientação à Queixa Escolar numa perspectiva winnicottiana: muito além do indivíduo. In: SOUZA, B. P. (Org.). *Orientação à queixa escolar*. São Paulo: Casa do Psicólogo, 2007.

BUENO, J. G. S; MENDES, G. M. L.; SANTOS, R. A. (Orgs.). *Deficiência e Escolarização: novas perspectivas de análise*. Araraquara, SP: Junqueira & Marin; Brasília, DF: Capes, 2008.

CONRAD, P. *The medicalization of society*. Baltimore, MD: The Johns Hopkins University Press, 2007.

CONSELHO REGIONAL DE PSICOLOGIA DE SÃO PAULO & GRUPO INTERINSTITUCIONAL QUEIXA ESCOLAR. (Orgs.). *Medicalização de crianças e adolescentes: conflitos silenciados pela redução de questões sociais à doença de indivíduos*. São Paulo: Casa do Psicólogo, 2010.

CORREIA, M. *Psicologia e escola: uma parceria necessária*. Campinas: Alínea, 2004.

DEL PRETTE, Z. (Org.). *Psicologia Escolar e Educacional: saúde e qualidade de vida*. Campinas: Alínea, 2001.

EZPELETA, J.; ROCKWELL, J. *Pesquisa participante*. São Paulo: Cortez, 1986.

FACCI, M. G. D; MEIRA, M. E. M. M. (Orgs.). *Psicologia histórico-cultural: contribuições para o encontro entre a subjetividade e a educação*. São Paulo: Casa do Psicólogo, 2007.

FOX, D.; PRILLELTENSKY, I. (Eds.). *Introducing critical Psychology: values, assumptions, and the status quo, in critical Psychology an introduction*. 2. ed. Londres: Sage Publications, 2000.

FREIRE, P. *Educação e mudança*. São Paulo: Paz e Terra, 1979.

FRELLER, C. C. Grupos de crianças com queixa escolar: um estudo de caso. In: MACHADO, A. M.; SOUZA; M. P. R. (Orgs.). *Psicologia Escolar: em busca de novos rumos*. São Paulo: Casa do Psicólogo, 2004.

GALDINI, V.; AGUIAR, W. M. J. Intervenção junto a professores da rede pública: potencializando a produção de novos sentidos. In: MEIRA, M. E. M.; ANTUNES, M. A. M. (Orgs.). *Psicologia Escolar: práticas críticas*. São Paulo: Casa do Psicólogo, 2003.

GEERTZ, C. *A interpretação das culturas*. Rio de Janeiro: LTC, 1989.

GUARIDO, R. L.; SAYÃO, Y. Intervenção psicológica em creche/pré-escola. In: MACHADO, A. M.; SOUZA, M. P. R. (Orgs.). *Psicologia Escolar: em busca de novos rumos*. São Paulo: Casa do Psicólogo, 2004.

GOLDBERG, M. A. Concepção do papel do psicólogo escolar. *Cadernos de Pesquisa*. São Paulo, Fundação Carlos Chagas, n. 12, p. 53-62, 1975.

GOUVEIA, A. J. A. A pesquisa educacional no Brasil. *Cadernos de Pesquisa*. n. 1, p. 1-48, 1971.

_____. A pesquisa sobre Educação no Brasil: de 1970 para cá. *Cadernos de Pesquisa*, n. 19, p. 75-79, 1976.

GUZZO, R. S. Formando psicólogos escolares no Brasil: dificuldades e perspectivas. In: WECHSLER, S. M. (Org.). *Psicologia Escolar: Pesquisa, formação e prática*. Campinas: Alínea, 1996.

HAGUETTE, T. M. F. *Metodologias qualitativas na Sociologia*. Rio de Janeiro: Vozes, 1999.

KHOURI, I. G. *Psicologia Escolar*. São Paulo: EPU, 1994.

LEITE, S. A. S. Atuação do psicólogo na Educação: controvérsias e perspectivas. CONGRESSO NACIONAL DE PSICOLOGIA ESCOLAR, I., 1992. Campinas. *Anais...* Campinas: ABRAPEE / PUCCAMP, 1992. p. 129-132.

MACHADO, A. M. Avaliação psicológica na Educação: mudanças necessárias. In: ROCHA, M. L.; TANAMACHI, E. R.; PROENÇA, M. P. R. (Orgs.). *Psicologia Escolar: desafios teórico-práticos*. São Paulo: Casa do Psicólogo, 2002.

_____. *Crianças de classe especial*. São Paulo: Casa do Psicólogo, 1996.

_____. Os psicólogos trabalhando com a escola: intervenção a serviço do quê? In: MEIRA, M. E. M.; ANTUNES, M. A. M. (Orgs.). *Psicologia Escolar: práticas críticas*. São Paulo: Casa do Psicólogo, 2003.

_____. Relato de uma intervenção na escola pública. In: MACHADO, A. M.; SOUZA, M. P. R. (Orgs.). *Psicologia Escolar: em busca de novos rumos*. São Paulo: Casa do Psicólogo, 2004.

MACHADO, A. M.; SOUZA, M. P. R. (Orgs.). *Psicologia Escolar: em busca de novos rumos*. São Paulo: Casa do Psicólogo, 2004.

MALUF, M. R. Formação e atuação do psicólogo na educação: dinâmica de transformação. In: CFP. *Psicólogo brasileiro: práticas emergentes e desafios para a formação.* São Paulo: Casa do Psicólogo, 1994.

MARINHO-ARAÚJO, C. M.; ALMEIDA, S. F. C. *Psicologia Escolar: construção e consolidação da identidade profissional.* Campinas: Alínea, 2005.

MARTÍNEZ, A. M. Inclusão escolar: desafios para o psicólogo. In: MARTÍNEZ, A. M. (Org.). *Psicologia Escolar e compromisso social.* Campinas: Alínea, 2005.

MASSIMI, M. *História da Psicologia brasileira.* São Paulo: Pedagógica Universitária, 1990.

_____. (Org.). *História da Psicologia no Brasil no século XX.* São Paulo: Pedagógica Universitária, 2004a. v. 1.

MASSIMI, M.; GUEDES, M. C. (Orgs.). *História da Psicologia no Brasil. Novos estudos.* São Paulo: Cortez editora-Educ, 2004b. v. 1.

MEIRA, M. E. M. Psicologia Escolar: pensamento crítico e práticas profissionais. In: TANAMACHI, E. R.; ROCHA, M. L.; PROENÇA, M. (Orgs.). *Psicologia e Educação: desafios teórico-práticos.* São Paulo: Casa do Psicólogo, 2000.

_____. _____. In: _____. *Psicologia e Educação: desafios teórico-práticos.* São Paulo: Casa do Psicólogo, 2002.

MEIRA, M. E. M.; ANTUNES, M. A. M. (Orgs.). *Psicologia Escolar: práticas críticas.* Casa do Psicólogo: São Paulo, 2003.

MEIRA, M. E. M; TANAMACHI, E. R. A atuação do psicólogo como expressão do pensamento crítico em Psicologia e Educação. In: MEIRA, M. E. M.; ANTUNES, M. A. M. (Orgs.). *Psicologia Escolar: práticas críticas.* São Paulo: Casa do Psicólogo, 2003.

MORAIS, M. L.; SOUZA, B. P. *Saúde e Educação: muito prazer! Novos rumos no atendimento à queixa escolar.* São Paulo: Casa do Psicólogo, 2000.

NEVES, M. M. B. J.; ALMEIDA, S. F. C. A atuação da Psicologia Escolar no atendimento aos alunos encaminhados com queixas escolares. In: ALMEIDA, S. F. C. (Org.). *Psicologia Escolar: ética e competência na formação e atuação profissional.* Campinas: Alínea, 2003.

PATTO, M. H. S. *A produção do fracasso escolar: histórias de submissão e rebeldia.* São Paulo: T.A. Queiróz, 1990.

_____. *A produção do fracasso escolar: histórias de submissão e rebeldia.* São Paulo: T.A. Queiróz, 1996.

_____. (Org.). *Introdução à Psicologia Escolar*. São Paulo: T.A. Queiroz, 1981.

_____. *Introdução à Psicologia Escolar*. São Paulo: Casa do Psicólogo, 1997.

_____. O fracasso escolar como objeto de estudo: anotações sobre as características de um discurso. *Cadernos de Pesquisa*, São Paulo, Fundação Carlos Chagas, n. 65, p. 72-77, 1988.

_____. *Psicologia e ideologia: uma introdução crítica à Psicologia Escolar*. São Paulo: T. A. Queiroz, 1984.

RAGONESI, M. E. M. M. *Possibilidades e limites de uma concepção crítica de Psicologia Escolar*. 1995. Projeto de Tese (Doutorado) – Instituto de Psicologia, Universidade de São Paulo, São Paulo. 1995.

_____. *Psicologia Escolar: pensamento crítico e práticas profissionais*. 1997. Tese (Doutorado) – Instituto de Psicologia, Universidade de São Paulo, São Paulo. 1997.

ROCKWELL, E. *La experiencia etnográfica*. Paidós: Argentina, 2009.

_____. *Reflexiones sobre el proceso etnográfico*. Ciudad de México: DIE/CINVESTAV, 1987.

SALGUEIRO, J. P.; SOUZA, M. P. R. Psicologia Escolar e ação profissional em uma perspectiva crítica: expressões do pensamento crítico em periódicos científicos nacionais (1995-2003). São Paulo: *Relatório Fapesp*; 2005. Processo no. 04/09397-1.

SANTOS, A. A. C. Uma proposta de olhar para os cadernos escolares. In: SOUZA, B. P. (Org.). *Orientação à queixa escolar*. São Paulo: Casa do Psicólogo, 2007.

SCHLINDWEIN, L. at al. Grupo de Trabalho Psicologia da Educação: uma análise da produção acadêmica (1998-2004). *Revista Psicologia da Educação*, PUC-SP, v. 22, p. 141-162, 1º sem. 2006.

SOUZA, B. P. (Org.). *Orientação à queixa escolar*. São Paulo: Casa do Psicólogo, 2007.

SOUZA, M. P. R. *A queixa escolar e a formação do psicólogo*. 1996. Tese (Doutorado) – Instituto de Psicologia, Universidade de São Paulo, São Paulo. 1996.

_____. Pesquisa qualitativa e sua importância para a compreensão dos processos escolares. In: JOLY, M. C. A.; VECTORE, C. (Orgs.). *Questões de pesquisa e práticas em Psicologia Escolar*. São Paulo: Casa do Psicólogo, 2006. v. 1.

_____. Problemas de aprendizagem ou problemas de escolarização? Repensando o cotidiano escolar à luz da perspectiva histórico-crítica em Psicologia. In: OLIVEIRA, M. K; SOUZA, D. T. R.; REGO, M. T. (Orgs.). *Psicologia, Educação e as temáticas da vida contemporânea*. São Paulo: Moderna, 2002.

_____. Prontuários revelando os bastidores do atendimento psicológico à queixa escolar. In: SOUZA, B. P. (Org.). *Orientação à queixa escolar*. São Paulo: Casa do Psicólogo, 2007.

_____. Retornando à patologia para justificar a não aprendizagem escolar: a medicalização e o diagnóstico de transtornos de aprendizagem em tempos de neoliberalismo. In: CONSELHO REGIONAL DE PSICOLOGIA DE SÃO PAULO E GRUPO INTERINSTITUCIONAL QUEIXA ESCOLAR (Orgs.). *Medicalização de crianças e adolescentes: conflitos silenciados pela redução de questões sociais à doença de indivíduos*. São Paulo: Casa do Psicólogo, 2010, v. 1.

SOUZA, M. P. R.; BASTOS, A. V. B.; BARBOSA, D. R. A formação básica e profissional do psicólogo: uma análise do desempenho dos alunos no ENADE 2006. NO PRELO.

SOUZA, M. P. R.; CHECCHIA, A. K. A. Queixa escolar e atuação profissional: apontamentos para a formação de psicólogos. In: MEIRA, M. E. M; ANTUNES, M. A. M. (Orgs.). *Psicologia Escolar: teorias críticas*. São Paulo: Casa do Psicólogo, 2003.

SOUZA, M. P. R.; CUNHA, B. B. B. Projetos de Lei e políticas públicas: o que a Psicologia tem a propor para a Educação? In: CONSELHO REGIONAL DE PSICOLOGIA DE SÃO PAULO E GRUPO INTERINSTITUCIONAL QUEIXA ESCOLAR (Orgs.). *Medicalização de Crianças e Adolescentes: conflitos silenciados pela redução de questões sociais à doença de indivíduos*. São Paulo: Casa do Psicólogo, 2010, v. 1.

SOUZA, M. P. R.; TANAMACHI, E. R.; ROCHA, M. L. (Orgs.). *Psicologia e Educação: desafios teórico-práticos*. São Paulo: Casa do Psicólogo, 2002.

TANAMACHI, E. R. Mediações teórico-práticas de uma visão crítica em Psicologia Escolar. In: TANAMACHI, E. R.; ROCHA, M. L.; PROENÇA, M. (Orgs.). *Psicologia e Educação: desafios teórico-práticos*. São Paulo: Casa do Psicólogo, 2000.

_____. Psicologia Escolar: tendências e avanços da Psicologia na Educação Escolar. 1992. Dissertação (Mestrado) – Universidade Estadual Paulista, Marília. 1992.

_____. *Visão crítica de Educação e de Psicologia: elementos para a construção de uma visão crítica de Psicologia Escolar*. 1997. Tese (Doutorado) – Universidade Estadual Paulista, Marília. 1997.

VIÉGAS, L. S.; ANGELUCCI, C. B. (Orgs.). *Políticas públicas em Educação. Uma análise crítica a partir da Psicologia Escolar*. 2. ed. São Paulo: Casa do Psicólogo, 2011.

WECHSLER, S. M. Panorama nacional da formação e atuação do psicólogo. *Psicologia: Ciência e Profissão*, ano 9, n. 3, p. 26-30, 1989.

WECHSLER, S. M.; GUZZO, R. Novos caminhos da Psicologia Escolar brasileira. *Estudo de Psicologia*, v. 3, n. 10, p. 21-40, 1989.

YAZZLE, E. G. A atuação do psicólogo escolar: alguns dados históricos. In: CUNHA, B. B. B. at al. *Psicologia na escola: um pouco de história e algumas histórias*. São Paulo: Arte Ciência, 1997.

Este livro foi impresso na
LIS GRÁFICA E EDITORA LTDA.
Rua Felício Antônio Alves, 370 – Bonsucesso
CEP 07175-450 – Guarulhos – SP
Fone: (11) 3382-0777 – Fax: (11) 3382-0778
lisgrafica@lisgrafica.com.br – www.lisgrafica.com.br